Petra Urban

Das Leben ist ein Abenteuer
oder gar nichts

Petra Urban

Das Leben ist ein Abenteuer
oder gar nichts

Spirituelle Frauengeschichten

Vier-Türme-Verlag

Bibliographische Information der Deutschen Nationalbibliothek

Die Deutsche Nationalbibliothek verzeichnet diese Publikation in der Deutschen Nationalbibliographie. Detaillierte bibliographische Daten sind im Internet über http://dnb.d-nb.de abrufbar.

Petra Urban, Dr. phil., 1957 in Dohna/Pirna geboren, ist aufgewachsen in Düsseldorf, wo sie Germanistik und Philosophie studierte. Seit 1992 lebt sie als freie Schriftstellerin in Bingen am Rhein. Zu ihren Veröffentlichungen gehören Romane, Erzählungen und Kurzgeschichten. Zudem hält sie Vorträge zu literarischen und lebensphilosophischen Themen und ist Dozentin für Literatur an der Akademie des Bistum Mainz. Mehr unter: *www.petraurban.de*

2. Auflage 2012
© Vier-Türme GmbH, Verlag, Münsterschwarzach 2011
Alle Rechte vorbehalten

Lektorat: Claudia Gröhn
Umschlaggestaltung: Elisabeth Petersen, München
Umschlagfoto: Alain Schroeder, getty images
Druck und Bindung: Friedrich Pustet KG, Regensburg
ISBN 978-3-89680-495-2

www.vier-tuerme-verlag.de

Für Irina

Ein Wort vorab

Als Kind habe ich es geliebt, durch ein Kaleidoskop zu gucken, es langsam zu drehen und zu beobachten, wie sich die Welt vor meinen staunenden Augen in viele kleine Facetten zersplittert und dabei in immer neuen Mustern und Farben aufleuchtet.

Mit jener spielerischen Leichtigkeit von damals möchte ich auch heute, in diesem Buch, das Leben in seiner farbenfrohen Vielfalt und Vielheit vorstellen. Eine Art Mosaik soll es sein. Ein Gewebe aus poetischen Geschichten, persönlichen Erlebnissen, Momentaufnahmen aus meinem Alltag, philosophischen Gedanken, spirituellen Augenblicken, konkreten Tipps und ausgesuchten Bibelstellen.

Bunte Versatzstücke, die der Fantasie Raum schenken und den Geist inspirieren. Und die Mut und Lust wecken, auf die innere Stimme zu hören, jene ureigene Kraft, die jede Frau in sich trägt. Eine Weisheit, ein tiefes Wissen, das erfinderisch und stark macht und die je eigene Persönlichkeit wachsen lässt.

Mein Weg, das bin ich

Obgleich es lange her ist, erinnere ich mich gut an eine Postkarte, die ich vor Jahren einmal von einer Freundin zugeschickt bekommen habe. Darauf war ein mächtiger Baum abgebildet und darunter, im Schatten seiner nicht weniger mächtigen Wurzeln, die ersten vier Zeilen von Hilde Domins Gedicht »Ziehende Landschaft«:

Man muss fortgehen können
und doch sein wie ein Baum:
als bliebe die Wurzel im Boden,
als zöge die Landschaft und wir ständen fest ...[1]

Diese Karte hat mich nachhaltig beeindruckt. Weil ich die Botschaft, die sie in Wort und Bild formulierte, so faszinierend widersprüchlich fand: Ein Mensch, der verwurzelt ist wie ein Baum und dennoch weggehen kann.

Immer wieder ertappte ich mich dabei, dass ich die Postkarte in die Hand nahm und mir den Baum darauf anschaute, jene Eiche, die ohne Frage alt war, sehr alt sogar. Und je häufiger ich die dazugehörigen

Gedichtzeilen von Hilde Domin las, desto mehr gefiel mir die Vorstellung, in mir selbst zu ruhen wie dieser in die Jahre gekommene Baum und dennoch in der glücklichen Lage zu sein, aufbrechen und mich auf den Weg machen zu können.

Gestern noch ging ich aufs Geratewohl über die Erde, und Tausende von Wegen flohen unter meinem Schritt, denn sie gehörten andern.
Ich bin sie alle gegangen ... aber kein einziger gehörte mir. Heute gibt es nur einen, und Gott weiß, wohin er führt; aber es ist mein Weg.[2]

JEAN-PAUL SARTRE

Menschliches Dasein als Weg zu umschreiben und zu deuten ist ein altes und, wie ich finde, durchaus treffendes Symbol. Denn wir alle, die wir hier auf dieser Erde wandeln, sind irgendwie unterwegs. Und auch wenn sich die Lebenswege von Frauen, rein äußerlich betrachtet, mitunter ähneln, geht jede von uns ihren eigenen Weg. Ein Weg, und darauf hatte mich die Postkarte gestoßen, auf dem die Verwurzelung genauso wichtig ist wie das Voranschreiten.

Verwurzelung also. In die Tiefe gehen. Nach innen führt der geheimnisvolle Weg. An jenen nicht weniger geheimnisvollen Ort, von dem die Mystiker behaupten, dass es ein Raum der Stille sei, des Friedens, der Wahrheit und des Glaubens, eine Art »Himmelreich«

in uns, wo wir, unabhängig von körperlicher und seelischer Verfassung, heil sind, wahrhaftig, lebensbejahend, voller Kraft und voller Freude.

Bei den letzten Worten fällt mir spontan meine Urgroßmutter ein. Eine Frau, die durch die Erfahrung zweier Weltkriege und das Schicksal der Vertreibung nur gar zu gut wusste, was es heißt, entwurzelt zu sein. Ihr langes Leben hindurch liebte sie die Natur. Berührung, Anfassen war ihr wichtig. Begreifen, in des Wortes schönster Bedeutung.

Sie, »die kleine Oma«, wie wir sie in der Familie liebevoll nannten, sie war es, die mich bereits in Kindertagen gelehrt hat, dass vieles mit vielem zusammenspielen muss, damit der Mensch, dieses ach so schwache Geschöpf, an Leib und Seele gesund bleibt. »Die Natur macht dich wieder heil«, pflegte sie zu sagen, ganz egal, aus welchem Grund ich gerade geweint hatte.

Von ihr habe ich das Wissen ins Herz gepflanzt bekommen, dass die Natur ein heilsamer Ort ist, ein Refugium, das Kraft spendet und uns in Berührung mit unserer eigenen, unserer ureigenen Kraft bringt.

Vor einiger Zeit hat mich eine Freundin aus Köln besucht, die als Redakteurin beim Fernsehen arbeitet, sehr erfolgreich ist und den überwiegenden Teil ihrer Zeit in Büros und Studios verbringt. Als ich ihr vorschlug, einen Spaziergang durch den herbstlichen Binger Wald zu machen, reagierte sie überaus erfreut. Ich weiß noch, wie sie aus dem Auto ausstieg, loslief und nach nur wenigen Metern stehen blieb, den Kopf in den Nacken legte und sich umguckte, als sähe sie zum ersten Mal in ihrem Leben eine Ansammlung von bunt gefärbten Laubbäumen. Auf meine Frage, was los sei mit ihr, sagte sie: »Ich weiß gar nicht, wann ich das letzte Mal im Wald gewesen bin.«

Ich habe diese kleine Begebenheit wohl deshalb nicht vergessen, weil ich so erstaunt darüber war, dass jemand freiwillig auf das Erlebnis »Wald« verzichtet. Für mich ist jede Begegnung und Berührung mit dieser so wunderbar gewachsenen, so betörend duftenden Welt ein göttliches Geschenk, auf das ich zu keiner Jahreszeit und zu keiner Witterung verzichten möchte.

Hildegard von Bingen, die Heilige mit dem heilenden Wissen, war Seherin, Mystikerin, Prophetin und zeitlebens durchdrungen von einer tiefen Achtung und Ehrfurcht vor allem Lebendigen. Hildegard von Bingen nennt die Kraft, die in der gesamten Schöpfung wirksam ist, »Grünkraft«, »viriditas«. »Es gibt eine Kraft aus der Ewigkeit«, sagt sie, »und diese Kraft ist grün.« Eine Kraft, die ihrer Meinung nach nur eines will: Leben spenden. Ob es sich dabei um das Erblühen eines Baumes nach langer Trockenheit oder um das Ergrünen einer verdorrten Seele handelt, ist ihr ganz einerlei. Für sie ist dieses göttliche Grün gleichbedeutend mit Leben und mit Gesundheit und zudem verantwortlich für die grenzenlose Schönheit der Welt. Eine Schönheit, die sie nicht müde wird, ihr langes Leben hindurch zu besingen. Da heißt es, poetisch schön, an einer Stelle:

> *Doch blicke nur einmal auf zu Sonne und Mond und zu den Sternen, schau dir doch an die ganze Pracht des irdischen Grünens, und bedenke nur einmal, welches Glück Gott mit all den Dingen dem Menschen schenkt ...*
> *Ich nehme die Blüten der Rosen und Lilien und die ganze Grünheit zärtlich ans Herz, indem ich allen Gottes-Werken ein Lob singe.*[3]

Eine grüne Energie also, die allüberall in der Schöpfung wirkt, in jedem Baum, in jedem Strauch, in jedem Blatt. Eine Art immerwährende, sich nie verbrauchende Lebenskraft, die auch den Körper, den Geist und die Seele des Menschen erfrischt. Die jedes Geschöpf, wenn es nur offen und durchlässig ist für diese Kraft, in vielerlei Hinsicht gedeihen und wachsen lässt.

Und um Wachstum geht es, wenn wir von Verwurzelung sprechen, um inneres Wachstum, um innere Stärke und um Aufbruch.

Während meiner Studienzeit an der Düsseldorfer Heinrich-Heine-Universität habe ich einmal hautnah die Erfahrung eines ganz besonderen Aufbruchs machen dürfen. Zwar handelte es sich nur um eine gruppendynamische Übung in einem Philosophie-Seminar, für mich aber war es eindeutig mehr. Für mich war es ein Aufbruch im doppelten Sinne des Wortes.

Der Professor, ein Mann mit außergewöhnlichen Lehrmethoden, hatte uns gebeten, unseren Lebensweg zu verkörpern. Klingt kompliziert, heißt aber nichts anderes, als dass wir mit geschlossenen Augen durch den Raum gehen sollten und dabei auf die Sicherheit oder Unsicherheit unserer Schritte, auf unser Fühlen und unser Denken, unser Vertrauen in uns selbst achten sollten.

Ich hatte damals eine, wie ich fand, famose Idee. Ich zog mich in eine Ecke des Raumes zurück und lief dort, zuverlässig wie ein Schweizer Uhrwerk, immer im Kreis herum. Nach wenigen Minuten allerdings fand ich das ziemlich unbefriedigend. Denn mein Lebensweg versprühte den Charme eines Kreisverkehrs. Im Gegensatz zu mir hatten meine Kommilitonen jede Menge Spaß auf ihrem Weg, jede Menge Begegnungen und Berührungen, sie lachten und schrien durcheinander.

Und auf einmal war ich wie eine Schlafende, die erwacht. Eine Träumende, die sich sehnt. Eine Neugierige, die sich locken lässt. Und plötzlich mochte ich nicht länger in der Ecke vor mich hin kreisen und ging entschlossen, mutig und mitten in den Raum, symbolisch gesprochen, ins pralle, ungeschützte Leben hinein. Weil mir während des Gehens eines klar geworden war: Mein Weg, das bin ich.

Wohl jede Frau kennt solcherart Aufbrüche. Momente, in denen sie wie aus langem Schlaf erwacht, Momente, in denen etwas aus den Tiefen ihrer Seele auf- und ausbrechen will. Momente, in denen das Leben sie wachrüttelt, damit sie entdeckt, dass die Zeit reif ist für etwas Neues, etwas, das in ihr wachsen, sich entfalten, das dem Dunkel entkommen und ans Licht will.

»Das Leben ist entweder ein kühnes Abenteuer oder gar nichts«, sagt die Schriftstellerin Helen Keller. Ich glaube gewiss, dass uns das Leben belohnt, wenn wir den Mut haben, etwas zu wagen, wenn wir den Mut haben, zu neuen Ufern aufzubrechen, wenn wir Räume öffnen, die bis dato verschlossen waren.

Immer schon gefällt mir der Ausdruck: Etwas in neuem Licht sehen. Was nichts anderes heißt, als den Schleier des Gewöhnlichen, den Schleier des »Tag für Tag für Tag ...«, von den Dingen zu ziehen, diesen Grauschleier, den Gewohnheit und Gleichgültigkeit mitunter darüber zu werfen pflegen. Mich selbst und meinen Weg in neuem Licht sehen heißt, meine eigene Schönheit, meine eigenen Möglichkeiten, meine eigene Kraft neu zum Vorschein kommen lassen.

»Dieselben Dinge täglich bringen langsam um«, sagt der Philosoph Ernst Bloch. Eine Feststellung, die zugegebenermaßen provokant klingt. Denn »dieselben Dinge täglich« haben zweifelsohne auch ihre Vorteile. Sorgen sie doch für eine gewisse Beständigkeit und Zuverlässigkeit in unserem Leben, bilden eine Art Korsett, ein stützendes Gerüst. Und als solches bieten sie Sicherheit und Geborgenheit. Qualitäten, die nicht zu unterschätzen sind. Mein unermüdliches Im-Kreis-Gehen während der Lebensweg-Übung war letztendlich nichts anderes als der verzweifelte Versuch, Geborgenheit im Ritual zu finden. Und doch hat der Philosoph Recht mit seiner Feststellung: Gar zu viel Festgelegtes, gar zu viel Routine Tag für Tag kann uns schaden.

Letztlich hatte ich ein interessantes Erlebnis in der Museumstoilette des Frankfurter »Städel«. Da stehe ich neben einer elegant gekleideten Dame am Waschbecken, und wir lächeln uns im Spiegel kurz an. Und anschließend passiert, was in dieser Situation oft passiert, wir waschen uns synchron die Hände und trocknen sie auch synchron ab. Nur dass die Dame, kurz bevor sie ihr Papierhandtuch zusammenknüllt und in den Eimer wirft, mit einer schnellen Bewegung noch mal über das Waschbecken wischt, wo am schwanenweißen Rand, recht unschön, Haare einer Vorgängerin kleben. »Es gibt Handgriffe«, sagt sie und schaut mich beinah entschuldigend im Spiegel an, »die habe ich regelrecht im Blut.«

In meinem Freundinnenkreis, wo ich die kleine Episode erzählt habe, erntete die Museumsfrau verständnisvolles Kopfnicken. Nur einigen wenigen war ihr Tun völlig fremd.

Nun ist der Haushalt zweifelsohne eine Domäne, in der »dieselben Dinge täglich« kaum zu umgehen sind. Die ritualisierten Handriffe jener eleganten Dame sind sauberster Beweis dafür. Zur »tödlichen« Gefahr, zu einer Art Fluch allerdings wird der Haushalt mit seinen Pflichten erst dann, wenn er es schafft, uns von etwas ganz und gar Wesentlichem fernzuhalten. Von uns selbst nämlich.

Nehmen wir an, wir haben gerade beschlossen, uns im täglichen Einerlei eine Abwechslung, im bewegten Alltag eine beruhigte Auszeit, eine Pause, ein Zipfelchen Zeit zu gönnen. Um in ein neues Buch hineinzulesen, einen Brief zu schreiben, eine Freundin anzurufen, einen Spaziergang zu machen, zu shoppen, zu träumen, zu joggen ... – was auch immer. Und noch bevor wir unser Buch, den Stift oder den Hausschlüssel in der Hand haben, sehen wir plötzlich – mehr oder weniger im Vorbeigehen – das schmutzige Waschbecken im Badezimmer, den steilen Berg Bügelwäsche, den vollgekrümelten Fußboden in der Küche. Dies alles springt uns förmlich ins Auge, während wir doch eigentlich auf dem Weg zu uns selbst sind. Wenn wir uns jetzt von uns selbst abwenden, um uns dem Haushalt zuzuwenden, dann ist das mehr als fatal. Dann ist das Verrat an unserem geplanten kleinen Vergnügen, Verrat an uns selbst.

Ich selbst ertappe mich in der warmen Jahreszeit immer wieder dabei, dass ich mich zur Entspannung von meiner Arbeit am Schreibtisch auf die Terrasse zurückziehe. Kaum aber sitze ich in meinem bequemen Korbstuhl, schaue ich nicht in den riesigen Sommerhimmel hinauf, um mich mit den wattigen, weißen Wolken in blaue Weiten davonzuträumen, nein, ich schaue vielmehr prüfend zwischen meinen Terrakotta-Töpfen hin und her. Und anstatt für eine kurze, ausgesuchte Zeit einfach einmal nichts zu tun, so wie ich mir das vorgenommen hatte, reinsten Müßiggang zu betreiben, stehe ich auf und fange an, die verwelkten und vertrockneten Blätter von den Rosen, den Geranien, von all den blühenden Schönen um mich herum zu zupfen. Tue dies mit der immer selben Begründung, dass diese Fürsorge dringend nötig sei und ich dabei ja auch ganz wunderbar entspannen könne.

»Die Zeit, die du für deine Rose verloren hast, sie macht deine Rose so wichtig«, sagt der Kleine Prinz im gleichnamigen, vielzitierten Buch von Antoine de Saint-Exupéry. Dieser Satz gilt nicht nur für alle die

Rosen, die wir pflegen und hüten, um die wir uns kümmern und sorgen, dieser Satz gilt auch und vor allem für uns selbst. Die Zeit, die wir uns selbst schenken, die macht uns wertvoll und wichtig in unseren Augen. Und sie lässt uns wachsen und gedeihen und am Ende auf das Schönste erblühen.

Wenn wir ausschließlich auf unseren Alltag mit all seinen Arbeiten und Anforderungen fixiert sind, schwindet uns der Blick für das Nicht-Alltägliche, das Besondere, schwindet uns vor allem der Blick auf uns selbst. Vor »lauter ..., lauter ...« verlieren wir uns und damit unseren Weg aus den Augen. Und das ist gefährlich. Denn wer sich selbst aus den Augen verliert, ist verloren.

Deshalb ist es wichtig, vor allem für Frauen, denen der Haushalt und die Familie gar zu sehr »im Blut liegt«, regelmäßig aus dem häuslichen Alltag auszubrechen und bei sich selbst einzukehren, ihrem Spiegelbild fröhlich zuzurufen: »Heute mache ich mir eine Freude und besuche mich selbst.« (Karl Valentin)

Und bei diesem so besonderen Besuch sollten sie als Gastgeschenk etwas überall Wertvolles mitbringen: Zeit. Dieses kostbare Gut, das mit allem Geld und Gold dieser Welt nicht aufzuwiegen ist und mit dem wir oft so verschwenderisch und gedankenlos umgehen, als hätten wir es im Überfluss, trügen es in der Jackentasche spazieren wie den Taler im Märchen, der nachwächst, kaum dass er ausgegeben ist.

Aber Zeit, diese »leise Gottheit«, wie Friedrich Schiller sie nennt, Zeit wächst nicht nach auf unserem Weg. Wir bekommen sie zugeteilt, geschenkt von höchster Stelle. Und »für jedes Vorhaben unter dem Himmel gibt es eine Zeit«. Das gibt uns schon das biblische Buch Kohelet mit auf den Weg (Koh 3,1).

Wenn wir Veränderungen in unserem Leben anstreben, weil wir merken, dass die Zeit dafür reif ist, sollten wir unsere Besuche im eigenen Haus ausdehnen und uns reichlich Zeit schenken. Um in aller Ruhe bei uns selbst anzukommen und die Möglichkeit zu haben, im lauten Stimmengewirr des Alltags jene leise, verhaltene Stimme in uns zu hören, die nur in der Stille spricht und die mit einer unglaublichen Kraft ausgestattet ist, einer Kraft, der wir auf die Spur kommen wollen.

Um uns selbst zu begegnen, dürfen wir uns also Zeit nehmen, dürfen uns erwarten, an welcher Stelle auch immer im Leben. Und wir dürfen Geduld mit uns haben, um uns dem zu öffnen, was tief verborgen in uns schlummert, was nach Wachstum verlangt, nach Ausbruch, Aufbruch, Befreiung.

Also, wachsam sein. Mein Weg, das bin ich. Geduld haben. Still werden, lauschen, fühlen, beobachten. Mit Neugier und Staunen erwarten, was zögerlich, vorsichtig tastend ans Licht kommen und wachsen will.

Erwachen

Sie ließ sich einfach fallen. Und da der Boden ein wenig abschüssig war, blieb sie nicht liegen, sondern kullerte den Berg hinunter, direkt in ein Loch hinein. Und da lag sie nun, die glänzend braune Eichel, im Dunkel der Erde, starrte ratlos in die rabenschwarze Finsternis und schlief schließlich ein.

Zeit verging. Viel Zeit. Aber eines Tages erwachte sie. Vogelgezwitscher drang zu ihr in die Tiefe, dazu ein lautes Summen und Brummen. »Siehe, ich mache alles neu« (Offb 21,5), flüsterte es von allen Seiten und plötzlich auch in ihr.

Und während sie dieser Stimme lauschte, ergriff sie ein mächtiges Sehnen, eine Art Feuer, ein fröhliches Fieber. Und auf einmal mochte sie nicht länger in der Dunkelheit liegen und immer nur schlafen und träumen. Auf einmal wollte sie hinaus ins Leben.

Und sie streckte sich, dehnte und reckte sich und schob sich langsam, ganz langsam aus der Erde empor. Nach oben führt mein Weg, aufwärts, himmelwärts, dachte sie, glühend vor Freude, streckte sich intensiver noch dem Licht entgegen und wuchs schließlich über sich hinaus.

Verwurzelung

Am Turme

Ich steh' auf hohem Balkone am Turm,
Umstrichen vom schreienden Stare,
Und lass' gleich einer Mänade den Sturm
Mir wühlen im flatternden Haare ...

Die so verwegen zu uns spricht, ist Annette von Droste-Hülshoff, jene Dichterin des 19. Jahrhunderts also, die auf allen Bildnissen mit kunstvoll festgesteckter Frisur überliefert ist.

Hier nun, hocherhaben auf ihrem Turm, stellt sie sich vor, sie würde ihre Haare öffnen und sie im Wind flattern lassen. Und sogleich wird es wild und abenteuerlich um sie herum. Denn jetzt, entfesselt sozusagen, hält sie keine artige Distanz mehr zum Leben, jetzt mischt sie mutig mit.

Aber von wegen verwegen. Der fantasierte Aufbruch unserer Dichterin endet mit einer traurigen Einsicht. Da heißt es in der letzten Strophe:

Wär' ich ein Mann doch mindestens nur,
So würde der Himmel mir raten;

Nun muss ich sitzen so fein und klar,
gleich einem artigen Kinde,
Und darf nur heimlich lösen mein Haar,
Und lassen es flattern im Winde![4]

Die resignierte Rebellion unserer Dichterin stammt aus dem Jahr 1842. Natürlich haben sich seitdem die Lebensumstände für Frauen in vielerlei Hinsicht verändert und verbessert. So gesehen wäre das Gedicht, dieser leidenschaftliche und doch im Keim erstickte Schrei nach selbstbestimmtem Leben, längst überholt. Schnee von gestern also? Mitnichten.

Denn das Gedicht formuliert eine Sehnsucht, die zeitlos, ja, beinah hätte ich gesagt, die ewig ist. Die Sehnsucht der Frau nämlich, ihre ureigene Kraft zu entdecken und auszuleben.

Auch in der heutigen Zeit kein leichtes Unterfangen. Denn Frauen genießen zwar reichlich Freiheiten, finanzielle Unabhängigkeit zum Beispiel und Selbstbestimmung, wenn es um die eigenen Lebensentwürfe geht, gleichzeitig aber sind sie oft noch in alten Strukturen gefangen. Strukturen, die sie daran hindern, um es im Bild unserer Dichterin zu formulieren, sich allein, hoch oben auf einem Turm, mit flatternden Haaren im Wind zu erleben.

Neulich erzählte mir eine Bekannte folgende kleine Begebenheit aus ihrem »fröhlichen Hausfrauenalltag«, wie sie es nannte. Sie, die wegen Übelkeit auf der Couch lag, hatte ihren Mann gebeten, ihr doch bitte einen Eimer zu holen. Der Angesprochene war sogleich aufgesprungen und eilfertig losgerannt. In der Tür allerdings hatte er sich noch einmal umgedreht und gefragt: »Schatz, wo stehen denn eigentlich die Eimer?«

Nun geht es an dieser Stelle nicht darum, den Kopf über Männer zu schütteln. Ganz und gar nicht. Diese belanglose Episode soll nur zeigen, dass nach wie vor eher das schöne und eben nicht das starke Geschlecht Hüter des Hauses ist. Und neben den anfallenden Arbeiten dort, dies beweisen Statistiken, sich auch mehrheitlich die Frau verantwortlich fühlt für die Erziehung der Kinder und sie die treibende fürsorgliche Kraft ist, wenn es um die Pflege alter Eltern geht. Eine Pflege, der in Zeiten, in denen die Menschen immer älter werden, eine wesentliche Bedeutung zukommt.

Gleichzeitig aber sind viele Frauen heutzutage berufstätig. Und während sie im Beruf ihren Mann und zu Hause ihre Frau stehen, unterliegen sie darüber hinaus dem nicht zu unterschätzenden Druck und ewig alten Diktat, bei alledem auch noch schön – und das heißt immer auch schlank – sein zu müssen. Ein Kraftakt, bei dem die Seele leicht Risse bekommen kann. Risse in der Seele aber bedeuten Risse in der Identität. Und das bedeutet Kraftverlust. Und wo wir Kraft verlieren, verlieren wir uns selbst. Was das heißt? Nun ja, zum Beispiel, das weibliche Ich sagt zwar »Ich«, meint auch Ich, spürt aber nicht, wer dieses Ich eigentlich ist. Denn es empfindet sich selbst nicht mehr als ein harmonisches und vollständiges und kraftvolles Ganzes.

Eine Winzerin aus meiner Nachbarschaft, eine gestandene Frau mit vielköpfiger Familie und einer pflegebedürftigen Mutter im Haus, erzählte mir vor einiger Zeit, sie habe mit einem ihrer Enkelkinder gemalt.

Ziemlich gedankenlos hatte sie jede Menge bunte Strichmännchen zu Papier gebracht. Als das Kind wissen wollte, wer das alles sei, hatte sie spontan gesagt:

»Das bin ich im Weinberg, das in der Küche, das bin ich als Mama, das als Tochter, das als Schwiegertochter ...« Und als sie mit ihrer Aufzählung endlich fertig war, hatte das Kind ganz beiläufig gefragt: »Und wo bist du?«

Eine kindliche, aber völlig zu Recht gestellte Frage, wie ich finde. Eine geradezu biblische Frage. Und die Antwort darauf müsste lauten, wie aus dem Mund des Propheten Jesaja:

»Hier bin ich.« (Jes 6,8) Drei schlichte, ganz und gar zeitlose Worte, die mich in ihrer Einfachheit schon immer fasziniert haben.

Denn es sind wesentliche Worte. Worte mit Sprengkraft. Und es lohnt sich, sie über den Tag verteilt immer einmal wieder wie ein ganz persönliches Gebet laut und deutlich vor sich hinzusprechen. Oder sie wenigstens im Geiste, im Stillen zu formulieren.

»Hier bin ich.«

Es sind Worte, die mich aus meinem Alltag herausreißen. Worte, die mich mit göttlicher Leichtigkeit zwischen Himmel und Erde positionieren und mich wunderbar weit machen. Weit wie die Schöpfung selbst. Denn diese drei Worte:

»Hier bin ich«,

künden nur von meinem Sein, nicht von meinem Leben. Sie erzählen nichts von den Rollen, die ich tagaus und tagein spiele, nichts von meinem Beruf, meinen Talenten und Träumen, meinen Gaben und Aufgaben. Diese Worte legen mich in keiner Weise fest, reduzieren mich nicht auf Äußerlichkeiten, engen mich nicht ein.

»Hier bin ich.«

Drei Worte, die mich für Augenblicke aus dem Alltagsdasein loslösen und mir den Weg in die weite Dimension meines Seins weisen.

Wie aber beschreite ich diesen Weg, heraus aus der Welt des Alltäglichen, hinein in meine zeitlose Tiefe, in mein zeitloses Sein? Und wie werde ich durchlässig für die Kraft, die dort atmet?

Lassen wir unsere Fantasie spielen. Jene hoch kreative und schöpferische Kraft also, die dort, wo es um die Seele geht, mitunter so viel wichtiger ist als alles

Wissen. Erfinden wir uns eine Art Märchen, und beginnen wir mit den klassischen Worten:

Es war einmal ...

Es war einmal eine Frau, die war nicht alt und nicht jung, die war einfach nur da und hetzte wie ein aufgescheuchtes Wild durch einen Wald. Und obwohl doch Ruhe herrschte unter all den grünen Wipfeln, schönste, herrlichste Ruhe, meinte sie, von überall her Stimmen zu hören, aufgeregte Stimmen, wütende Stimmen, Stimmen, die ohne Unterlass nach ihr riefen. Sie lauschte angestrengt und nach allen Seiten, lauschte und lauschte, drehte sich hierhin und dorthin, rannte vor und zurück und schließlich im Kreis, bis ihr vor Erschöpfung ganz elend und schwindelig war.

»Wie lange soll das noch so weitergehen?«, fragte es plötzlich.

Atemlos blieb sie stehen und schaute sich um. Sie war allein, niemand da. Weit und breit kein Mensch zu sehen.

»Sind Sie Ihres Lebens müde?«, fragte es höflich weiter.

Und jetzt wusste sie, wer da sprach. Es war der Baum an ihrer Seite, eine krumme, bucklige Eiche, die grün und wohlwollend mit ihrer mächtigen Krone auf sie herabschaute.

Was weißt du von meinem Leben, dachte die Frau und rannte weiter, schneller und hektischer noch als zuvor, den neuen Stimmen entgegen, den alten hinterher.

Nach wenigen Metern aber bekam sie kaum noch Luft, blieb japsend stehen und wandte sich müde und verzweifelt um.

»Was soll ich Ihrer Meinung nach tun?«, fragte sie die Eiche.

Der reichlich in die Jahre gekommene Baum ließ sich Zeit mit der Antwort, viel Zeit. Er wiegte seine dünnen Äste im Wind, streckte sich wohlig dem sommerblauen Himmel entgegen und sagte schließlich mit einer Stimme, die erstaunlich ruhig, heiter und gelassen klang: »Leben heißt aufnehmen und abgeben. Aufnehmen aber heißt zur Ruhe kommen, heißt verwurzelt sein in sich selbst.«

An dieser Stelle der Geschichte wollen wir die Erzählperspektive verlassen und uns stattdessen in jene rastlose, vom Leben erschöpfte Frau einfühlen. Und so stehen wir jetzt stellvertretend im Angesicht der alten Eiche, atemlos, abgekämpft und immer noch ein wenig schwindelig. Wir wissen kaum mehr, wer wir sind und wo wir sind, sehen den Wald vor lauter Bäumen nicht, haben uns und damit auch unseren Weg aus den Augen verloren. Und dennoch haben wir die Botschaft des Baumes wohl vernommen. Und während uns die grünen Worte langsam, aber unaufhaltsam ins Herz hinabsinken, stehen wir da, mit hängenden Schultern, hängendem Kopf, und merken erst jetzt, wie elend wir uns fühlen, wie kraftlos, ja wie krank.

Krankheit, so Hildegard von Bingen, ist ein Zustand des Mangels, ist das Fehlen von Lebenskraft. Anders herum formuliert: Wo Leben mit all seinen Bedürfnissen, auch dem Bedürfnis nach Ruhe, unterdrückt wird, nistet sich Krankheit ein. Der Mensch, im Vokabular der Heiligen ausgedrückt, fällt in »Dürre«.

Auch wir – in unserer kleinen Fantasie – sitzen seelisch lange schon auf dem Trockenen, sind Entwurzelte, innerlich Verwelkende und deshalb dringend aufgefordert, uns mit Lebenskraft und Daseinsfreude ganz neu zu füllen oder füllen zu lassen. Auftanken lautet die Devise, erden, den Mangel beheben. Das aber heißt innehalten, still werden, in mir selbst einkehren und eine wesentliche Frage formulieren. Die Frage: »Was fehlt mir?«

Wie uns die Evangelisten berichten, zog sich Jesus sehr bewusst und immer wieder in die Stille zurück, »abseits in die Stille« zurück, wie es im Text heißt, um Kraft für seinen Weg zu schöpfen.

Die Stille, das Abseits, die Kraft. Ein wunderbares Dreigestirn. – Und wir, die wir uns unter dem freundlichen Baum gerade gefragt haben, was uns eigentlich fehlt, haben die Antwort erhalten: Eine Auszeit. Eine Pause. Endlich Ruhe.

Ruhe ist ein nicht zu unterschätzendes, ein existenzielles Bedürfnis. Wir wissen das alle, wissen es nur zu gut. »In der Ruhe liegt die Kraft«, sagen wir gern, weise lächelnd wie Konfuzius.

Und was machen wir? – Ruhelos, im wahrsten Sinne des Wortes, eilen wir durch unseren Alltag. Schlimmstenfalls bis zur Erschöpfung. Bis selbst unsere Ohren die Nase voll haben und lautstark reagieren. Tinnitus. Nicht nur der Name einer geräuschvollen Krankheit. Auch Symbol für etwas, das nie zur Ruhe kommt.

Erfülltes, angstfreies Leben aber braucht Ruhe. Braucht Ruhepunkte, in denen die Seele bei sich selbst ankommen und fernab vom geschäftigen Lärm der Welt bei sich selbst verweilen darf. Ansonsten könnte es der Seele eng werden im Körper, beklemmend eng. Und wo Enge sich breitmacht, taucht Angst auf, geht Freiheit verloren und auch Leichtigkeit, kann uns der Atem knapp werden, das Leben lautlos entgleiten.

Und was machen wir nun im Schatten unserer weitsichtigen Eiche? Nun, ich würde sagen, das Naheliegendste. Nehmen wir an, unser Märchen spielt im Sommer. Jener Jahreszeit also, die heißer, farbenfroher und leuchtender daherkommt als alle die übrigen, die mit Blumen und Farben geschmückt ist, aromatisch nach Blüten und Kräutern duftet und die im Matthäusevangelium, im Gleichnis vom Feigenbaum, als Sinnbild für das Kommen des Menschensohnes benannt ist. Sommer also. Und weil der Waldboden unter unseren Füßen so angenehm weich ist und nach dem sonnenwarmen Moos duftet, setzen wir uns zuerst einmal hin, lehnen uns vertrauensvoll an den Baum an, ziehen Schuhe und Strümpfe aus und machen es uns so recht bequem. Und dann lassen wir die Umgebung auf uns wirken. In aller Ruhe. Nichts hetzt uns, nichts treibt uns. Aufatmend und durchatmend genießen wir die mächtige Blätterkrone, die sich wie eine Kuppel über uns wölbt. Freuen uns daran, wie es ab und zu summt und brummt in der Luft, wie der blaue Himmel die grüne Erde umarmt.

Und in dieser Haltung, von guten Mächten wunderbar geborgen, schließen wir entspannt die Augen und tun etwas wundervoll Eigenwilliges, indem wir nämlich nichts, aber auch wirklich gar nichts tun. Noch nicht einmal denken.

Was gar nicht so einfach ist. Denn unser Verstand arbeitet nicht nur leidenschaftlich gern, er funktioniert auch ausdauernd und hartnäckig. Und wenn wir ihn lassen, geradezu unermüdlich.

Werfen wir doch, um uns sein Tun möglichst bildhaft vor Augen zu führen, einen kurzen Blick auf eine ähnlich Unermüdliche, die uns in der Bibel begegnet. Betrachten wir das Gleichnis von Maria und Martha (Lk 10,38–42), den so ungleichen Schwestern.

»Maria setzte sich dem Herrn zu Füßen«, heißt es im Evangelium, »und hörte seinen Worten zu. Martha aber war ganz davon in Anspruch genommen, für ihn zu sorgen.«

Wie die Geschichte ausgeht, ist schnell erzählt. Martha, die Fleißige, die Ruhelose, beschwert sich, alle anfallende Arbeit allein verrichten zu müssen. Jesus hört sie an, ergreift dann aber eindeutig Partei für Maria. Er sagt:

»Martha, Martha, du machst dir viele Sorgen und Mühen. Aber nur eines ist notwendig. Maria hat das Bessere gewählt, das soll ihr nicht genommen werden.«

Für Maria also entscheidet er sich. Für Maria, die sich in diesem besonderen, so kostbaren Moment ihres Lebens von Alltäglichkeiten nicht ablenken lässt, die sich vielmehr einlässt, symbolisch gesprochen, und »Ja!« sagt zur Tiefe des Augenblickes, die das Göttliche darin bewusst genießt.

Manchmal kann es guttun, uns diese Maria zum Vorbild zu nehmen. Will heißen, in ausgesuchten Momenten unseres Lebens konsequent die Finger vom Alltag lassen, alle Verpflichtungen vorübergehend vergessen, statt dessen eintauchen in die Tiefe unseres Seins und die Anwesenheit Gottes darin erspüren. Nichts denken, nichts wollen. Nur fühlen. Nur sein.

Für uns, die wir mittlerweile gemütlich im Schatten des Baumes sitzen, bedeutet das, den Reigen der Stimmen in unserem Kopf zum Verstummen und das Karussell der Pflichten und Aufgaben zum Stillstand zu bringen. Vertrauensvoll gedankenlos sein. Kopflos sein, im besten Sinne des Wortes.

Und so lehnen wir an dem duftenden Stamm, lassen unsere Gedanken sich in Luft auflösen und erlauben dem Augenblick, uns seine Spuren einzuschreiben. Wir sind nichts als Empfindung. Wir lauschen, riechen, schmecken und tasten, atmen bewusst und so tief wie möglich die sommerlich warme Luft des Waldes ein und genießen das Gefühl von wohliger Weite in der Brust. Und ehe wir uns versehen, entspinnt sich ein Dialog zwischen uns und dem Augenblick. Denn jetzt reden die Ohren, weil sie endlich hören dürfen, und die Nase füllt sich mit den unterschiedlichsten Gerüchen und Düften, und die Zunge weiß, ob und wie ihr das Leben gerade schmeckt.

Plötzlich geschieht etwas mit uns. Eine Art Kraftfeld tut sich auf. Es ist, als erstrahle die Welt um uns herum von einem Augenblick zum anderen in einem besonderen Licht. Ein Licht, das alles mit allem verbindet. Nichts scheint mehr für sich zu existieren, alles auf ein anderes zu verweisen. Auf ein Vollkommenes. Und wir, die wir da sitzen und staunen und das Strömen dieser Helligkeit und Heiligkeit tief in unserem Inneren spüren, erleben uns als Teil dieser

Vollkommenheit. Auf einmal sind wir leicht wie ein Lachen und weit wie die Luft, die uns einhüllt, und durchlässig für alle Schwingungen um uns her. Wir sind Baum und Blatt und Licht und Vogelgesang, sind das Rauschen des Windes und gleichzeitig die Stille, sind der Duft der Blüten, das Summen der Bienen, sind Himmel und Wolken und der warme Duft der Erde, und alles andere sind wir auch.

Kurz gesagt: Wir sind Fülle, nichts als Fülle in diesem Augenblick. Wir sind Leben. Wir sind göttliches vollkommenes Sein.

Und dann ist es vorbei.

Wir öffnen die Augen, schauen umher und vielleicht auch auf die Uhr, hören das Leben mit all seinen Pflichten rufen und erheben uns. Die Welt, in unserem Fall der Wald mit all seinen Stimmen, hat uns wieder.

Und obwohl doch um uns herum alles beim Alten ist, ist doch alles anders, ist doch alles neu. Denn wir sind neu. Wir fühlen es deutlich. Wir sind geheimnisvoll gekräftigt. Sind wacher als zuvor, freudvoller, atmen leichter, sind innerlich gefüllt und irgendwie reich. Wir sind in Kontakt gekommen mit unserem tiefen Sein. Und durch diese wunderbare Berührung haben wir eine ganz neue Kraft in uns. Eine Art »Wurzelkraft«.

Und während wir so wundervoll gekräftigt, erfrischt und seltsam erneuert, leichtfüßig und unbeschwert durch den Wald laufen, meldet der Kopf fröhliche Gedanken, der Körper einen gleichmäßigen Atem, und im Herzen herrscht Ruhe bei gleichzeitiger Aufbruchsstimmung. Und wohin wir auch schauen, es gibt weit und breit keinen Grund zu hetzen. Denn diese neu erwachte Kraft in uns lässt uns sehr genau unterscheiden, welche Stimmen auf unserem Weg wichtig sind und an welchen wir getrost vorbeigehen dürfen, weil wir in der Tiefe unseres Seins auf eine ebenso tiefe Weisheit gestoßen sind.

Auf unsere Intuition nämlich. Jenes spontane, ganzheitliche Erkennen und Erfassen von Zusammenhängen, jene tiefe Intelligenz, die wir, wenn es um kreative Problemlösungen geht, alle schon kennengelernt haben. Wir können zwar nicht begründen, warum wir etwas tun, wissen aber hundertprozentig, dass es das Richtige ist in diesem Moment. Ein Bauchgefühl eben. Jene innere Stimme in uns, die viel zu selten reden darf, weil der Verstand gern so lautstark lamentiert. Eine Stimme aber, die sich sofort zu Wort meldet, wenn wir in uns selbst eintauchen. Eine Stimme, die wir trainieren sollten, weil sie uns hilft, mehr aus der eigenen Tiefe heraus zu leben und damit weg von der Oberflächlichkeit. Weg von der Oberfläche, hinein in die Tiefe, das ist der ausgewiesene Weg.

Verwurzelung eben. Denn alles, was entwurzelt ist, stirbt.

Also zur Ruhe kommen. Den Alltag für eine ausgesuchte Weile Alltag sein lassen. Aussteigen aus allen familiären und beruflichen Bezügen. Das Karussell der Pflichten und Verantwortungen vorübergehend anhalten und absteigen. Fluchtpunkte, Ruhepunkte suchen. Sich Zeit gönnen.

Tief nach innen führt der geheimnisvolle Weg. Alles in uns muss schweigen, damit jene wichtige Bauch-Stimme sprechen kann.

Nun frage ich mich, warum wir nur oft so schnell bereit sind zu sagen, dass wir für solche Auszeiten keine Zeit haben. Und ich möchte betonen, wir reden hier nicht von wochenlangen Kuraufenthalten oder Urlauben, wir reden von kleinen Pausen im Alltag, Zeiten, die uns helfen, in und bei uns selbst anzukommen, Wurzelkraft zu tanken. Warum beteuern wir so schnell, dass es bedeutend Wichtigeres zu tun gibt in unserem Leben, als uns gerade jetzt um unser Seelenheil zu kümmern. Anders gefragt:

Warum machen wir es uns so schwer? Warum sabotieren wir uns selbst?

Von der Liebe

»Liebe«, hat der heilige Augustinus in einer Predigt gesagt, »und dann tu, was du willst!«

Klingt einfach, ist es aber nicht. Denn bereits bei der Liebe, diesem göttlichen Auftrag, fängt die Schwierigkeit oft schon an. Nicht umsonst hat der Psychoanalytiker Erich Fromm sein berühmtes Buch über die Liebe »Die Kunst des Liebens« genannt. Lieben ist eine Kunst, die gelernt und gepflegt sein will, immer wieder, kontinuierlich. Sie ist eine lebenslange Aufgabe, der Nährboden, in dem unsere Wurzeln wachsen und gedeihen. Sobald wir die Liebe vernachlässigen, stirbt sie ab. Und wie ein Leben ohne Liebe aussieht, das wissen wir alle: dunkel, freudlos und kalt.

Else Lasker-Schüler, die weltverliebte Dichterin mit dem »Jubel in der Brust«, soll am Ende ihres eigenwilligen Lebens gesagt haben: »Mit mir geht es zu Ende, ich kann nicht mehr lieben.« Abschied von der Liebe hieß für sie zwangsläufig Abschied vom Leben.

Die Dichterin wusste, wovon sie sprach. Liebe ist das Wesentliche, das Eigentliche. Das Konzentrat allen Daseins. Liebe ist der Zauber in unserem Leben. Ist Poesie. Gegenentwurf zur Prosa der Verhältnisse. Liebe ist Lobgesang, ist »Hohes Lied«, hört niemals auf, »ist langmütig und freundlich, erträgt alles, duldet alles, glaubt und hofft alles.« (nach 1 Kor 13,4–8)

»Die Liebe lebt von liebenswürdigen Kleinigkeiten«, sagt Theodor Fontane. Das gilt sicher für die Liebe zwischen zweien, das gilt aber auch und vor allem für die Liebe zu uns selbst. Sich selbst am Tisch des Lebens eine gute Gastgeberin sein, sich versorgen und beschenken, das ist wichtig und gesund. Denn niemand kann uns genügend lieben und versorgen, wenn wir uns selbst nicht zu lieben und zu versorgen wissen.

Eine Freundin schrieb mir einmal in einem Brief: »Also, wenn ich mir so anschaue, wie streng ich mit mir selbst bin und wie nachsichtig und großherzig dagegen mit anderen, dann möchte ich, ehrlich gesagt, mit mir selbst nicht länger befreundet sein.«

Selbstliebe. Eine schwierige Sache. Und doch – ganz allein unsere Sache.

In dem Lustspiel »Leonce und Lena« von Georg Büchner entdeckt ein reichlich konfuser König beim morgendlichen Ankleiden einen Knopf in seinem Taschentuch, eine Art symbolischen Knoten. Und weil er sich nicht erinnern kann, woran er sich erinnern wollte, fragt er seinen Kammerdiener um Rat. Der allerdings entpuppt sich als genauso vergesslich wie die verwirrte Majestät höchstselbst. Und während die beiden nun angestrengt und in alle Richtungen überlegen, was der Knopf im Schnupftuch bedeuten könnte, geht dem König ein königliches Licht auf. »Ja, das ist's«, ruft er freudig aus, »das ist's: Ich wollte mich an mein Volk erinnern!«

Die Szene lässt uns schmunzeln. Ein König, der an sein Volk erinnert werden muss. Was ist das für ein König?

Aber Hand aufs Herz. Gleichen wir diesem König nicht mitunter? Vergessen wir an manchen Tagen nicht auch etwas wahrhaft Wesentliches in unserem Leben?

Uns selbst nämlich?

Sollten wir uns nicht auch so ab und zu und so hin und wieder einen Knoten ins Taschentuch binden, um uns an genau das zu erinnern: an die Liebe zu uns selbst.

Oft bekommen wir bereits in der Kindheit die Botschaft ins Herz gelegt, uns selbst nicht gar so wichtig zu nehmen, weil wir weder der Nabel der Welt noch der Mittelpunkt der Familie sind. Schließlich besteht unser aller Leben aus vielfältigen Gemeinschaften.

Und doch – alles Gute beginnt in uns selbst. Die Liebe, die wir weitergeben, die wir verschenken wollen, speist sich aus der Liebe, die wir uns selbst entgegenbringen. Wir können andere nur lieben und annehmen, wenn wir uns selbst lieben und annehmen. Wir können nur geben, was wir auch besitzen.

»Liebe deinen Nächsten wie dich selbst«, heißt es an wichtiger Stelle in der Bibel (Lev 19,18 und Mt 22,39).

Ein Satz, der nicht als freundliche Empfehlung daherkommt. Ein Satz vielmehr, der ein eindeutiger, unmissverständlicher Appell ist und gewiss nicht zufällig gleich an zweiter Stelle der Zehn Gebote steht. Wir dürfen uns nicht nur lieben, wir sollen es sogar.

Während eines heftigen Sommerregens habe ich einmal eine Amsel beobachtet, die zu mir in den Hof geflogen kam. Klatschnass und mit zerzaustem Federkleid hatte sie sich direkt vor meinem Fenster auf den Pfosten des Treppengeländers gesetzt. Und dort schüttelte sie sich und putzte sie sich, plusterte sich auf und schüttelte sich wieder ..., ließ sich alle Zeit der Welt, um sich nach dem großen Guss wieder in Form zu bringen. Und als sie endlich fertig war mit ihrem Ritual, zog sie ein Bein in die Höhe und schlief noch ein kleines, ein geruhsames Weilchen.

Seltsamerweise konnte ich nicht aufhören, sie anzugucken. Später, als sie längst weggeflogen war, ich sie aber immer noch dort sitzen sah, wusste ich plötzlich, was mich so fasziniert hatte. Es war die Hingabe, die mich angerührt hatte, diese Seelenruhe, mit der sie sich so intensiv um sich selbst gekümmert hatte.

Diese Ruhe, die für mich ein wunderbarer Ausdruck und ein Symbol schönster Liebe war.

»Liebe deinen Nächsten wie dich selbst.« Gerade für Frauen, die sich immer wieder dabei ertappen, ihre Nächsten und Übernächsten mehr zu lieben als sich selbst, die eher das Wohl ihrer Lieben als ihr eigenes Wohl im Auge haben, die eher die fremden, anstatt die eigenen Bedürfnisse befriedigen ... – gerade für solch notorischen »Kümmerlinge« ein Satz, den sie sich ins Herz schreiben sollten.

Denn Selbstliebe ist lebenswichtig. Ist Fundament. Basislager für jeden Weg. Diese Liebe trägt uns. Hält uns gesund. Macht uns stark. Ist der Nährboden, der Gutes wachsen lässt. Sie ist eine Art Dünger, Humus für unsere Lebenskraft, unsere Lebensfreude, für alles das, was wir am Ende ja nicht allein für uns behalten, vielmehr mit vollen Händen weitergeben, an unsere Nächsten, Übernächsten, an die ganze Schöpfung.

Ganz aufgehen in der Familie
heißt ganz untergehen.
MARIE VON EBNER-ESCHENBACH

Also, nicht allein für andere, auch für mich selbst sorgen, achtsam sein, aufmerksam sein. Sensibilität beweisen, wenn es um meine eigenen Bedürfnisse und Interessen geht. Denn Frauen, die liebevoll mit sich selbst umgehen, gehen auch liebevoll mit anderen um.

Frauen, die sich selbst im Blick haben, verlieren auch ihren Nächsten nicht aus den Augen. Frauen, die sich selbst achten, achten auch alle anderen Geschöpfe auf dieser Erde.

Frauen, die sich selbst lieben, sind angenehme, überaus liebenswerte Zeitgenossinnen und ein Segen für jede Gemeinschaft. Unabhängig von der Wertschätzung anderer, besitzen sie ein gesundes Selbstwertgefühl und sind deshalb, auch bei Konflikten, die es zwangsläufig gibt, wo zwei oder drei zusammenkommen, nicht so leicht aus der Ruhe und der Fassung zu bringen. Auch bringen sie dem Leben tiefreichende Sympathien entgegen. Sind Lebenskünstlerinnen, im besten Sinne des Wortes, die so etwas wie Langeweile und Überdruss auf ihrem Weg nicht zulassen, die nie das Interesse an sich verlieren und sich immer wieder neu entdecken. Denen die Zeit nicht lieblos zwischen den Fingern zerrinnt, die sie vielmehr sorgsam in Händen halten und hüten. Und die ihr Leben ungeachtet aller Irrungen und Wirrungen in seiner unerschöpflichen Fülle und seiner bezwingenden Schönheit genießen. Die wissen, dass nur diejenigen genießbar sind, die sich selbst genießen können. Ach ja, und die wissen, dass die Liebe kein Zustand ist, kein Status quo, der konserviert werden kann. Vielmehr etwas Lebendiges, das der Wandlung unterliegt und stets und ständig neu entfaltet sein will.

Vor gar nicht langer Zeit stand ich einmal, an einem warmen Sommerabend, mit einer Freundin im Innenhof des Mainzer Doms. Die Fußgängerzone, durch die wir eben noch flaniert waren – ihr lautes, hektisches Treiben, so nah und doch so fern –, war hier, inmitten der hohen, dicken Mauern gänzlich verstummt. Eine tiefe, feierliche Stille füllte den Ort, allein durchbrochen vom leisen Lied eines Brunnens, einer altehrwürdigen Steinschale in der Mitte des Hofes, in der ein einziger feiner Wasserstrahl unermüdlich in die Höhe tanzte.

»Weißt du«, sagte meine Freundin in die Stille hinein, »genau so wünsche ich mir die Liebe in meinem Leben, dass sie so ein feiner, unerschütterlicher Ton ist, so ein leises Plätschern, das durch nichts aus der Ruhe zu bringen ist.«

Dieses Bild vom Lebensbrunnen, aus dem unermüdlich Liebe plätschert, Liebe, mit der wir auch uns selbst bedenken und beschenken, hat mir gut gefallen. Und ich habe mir an jenem Sommerabend vorgenommen, dieses Bild in meinem Herzen sorgsam zu bewahren.

Vielleicht täte es uns allen gut, uns ab und zu ein konkretes Bild von unserer Selbstliebe zu machen, um es uns im lieblosen Alltag liebevoll vor Augen zu führen. Um es, wie bei Büchners vergesslichem König, zum Knoten in unserem Taschentuch werden zu lassen.

> *Und sprich: Wie redet die Liebe?*
> *›Sie redet nicht, sie liebt!‹*[5]
> FRIEDRICH HALM

Wenn wir jemandem am Telefon oder per Brief, per E-Mail wieder und wieder versichern, ihn zu lieben, niemals aber auch nur eine einzige Minute Zeit für ihn haben, so wird sich dieser Jemand von uns zurückziehen. Warum? Weil er spürt, dass unsere Liebe nur in unseren Worten, nicht aber in uns selbst lebt. »Du hättest etwas anderes tun müssen als reden oder schreiben«, könnte er beim Abschied sagen, und wir müssten ihm Recht geben. Süßigkeiten, von denen wir nur reden, stillen niemals den Appetit auf Süßes. Liebe, die wir nur schwören, ist keine Liebe. Liebe braucht Leben, braucht Taten, braucht den kleinen, aber feinen Beweis.

Und deshalb – mir selbst konkret Zeit gönnen. Aufmerksamkeit schenken, Achtsamkeit. Und nicht erst dann, wenn die Leichtigkeit meines Seins schon lange in unerträgliche Ferne gerückt ist. Wenn ich mich bereits kraftlos und krank fühle, wie die gehetzte Frau im Märchen (siehe Seite 26), die lange schon »arm an Stärke und reich an Schwäche« war.

Früh genug ein lautes und deutliches »Ja!« zu mir sagen. Die Entscheidung treffen, dass ich für eine kurze Zeit keinerlei Berührung mit meinem Alltag wünsche. Ruhepunkte suchen. Kraftpunkte suchen. Abseits in die Stille gehen.

Eine Hand voll Stille an jedem Tag

Stille.

Meine Großeltern pflegten die Stille besonders gern in der Dämmerstunde. Jener besonderen Zeit also, in der sich das Licht des Tages mit letzten, langen Strahlen verabschiedet. Niemand durfte in diesen Momenten eine Lampe einschalten. Und gesprochen wurde auch nicht. Nicht ein einziges Wort.

Schweigend saßen sie in der kleinen Küche, die Hände auf dem Tisch gefaltet. Manchmal griff mein Großvater nach seiner Pfeife und zündete sie an – ein kurzes Zischen des Streichholzes, ein Verglühen, ein Paffen –, dann herrschte wieder Stille im Raum, nur die Wanduhr tickte leise, und im Ofen knisterte das Feuer.

Ich erinnere mich, wie ich als Kind auf dem Holzschemel neben dem Herd gesessen und die Gesichter der beiden betrachtet habe, Gesichter, die im langsam verlöschenden Licht wie Scherenschnitte aussahen.

Alles im Raum verharrte regungslos und still. Und auch ich habe keinen Mucks von mir gegeben, um ihn ja nicht zu stören, diesen Schweigemoment. Diese Stille, in der ich mich so wunderbar geborgen und so seltsam aufgehoben fühlte und in der die Welt mir feierlicher vorkam als sonst. Es ging eine Art Sammlung und Ruhe von ihr aus, die mich selbst feierlich und ruhig machte. Zudem auf eine zärtliche Weise friedlich und sanftmütig.

War die Küche in Dunkelheit getaucht, stand mein Großvater auf und machte das Licht an. Erst jetzt durfte wieder geredet werden. Blinzelnd schaute ich mich um und konnte mich des Gefühls nicht erwehren, eine andere als zuvor, eine bessere zu sein.

Stille verändert.

Würden meine Großeltern, die lange schon tot sind, noch einmal an ihren Küchentisch zurückkehren, würden sie wahrscheinlich über die Einfamilienhäuser staunen, die wie Blumen vor ihrem Fenster gewachsen sind, und über die Umgehungsstraße, die zuerst die Wiesen, dann die Felder, dann den Bach und schließlich die Stille geschluckt hat. Sicherlich würde meine Großmutter ihre Hände vor der Brust zusammenschlagen und erschrocken ausrufen: »Jesses, Maria und Josef, wer soll all diesen Lärm aushalten?!«

Stille und Nichtstille.

Vor einiger Zeit erzählte mir eine Nachbarin, wie schwer sie es habe, seit ihr Mann in Rente sei. Nicht seine Anwesenheit störe sie, nein, nein, das sei es nicht! – versicherte sie mir –, ganz im Gegenteil, sie freue sich darüber, mehr Zeit als früher mit ihm verbringen zu dürfen. Störend sei allein seine Angewohnheit, noch vor dem Frühstück das Radio anzuschalten und es bis zum Mittagessen nicht wieder auszuschalten. Dieses »ewige Gedudel und Gebabbel«, wie sie sich ausdrückte, mache sie ganz närrisch. Stille, gerade am Vormittag, sei ihr ein rechtes Bedürfnis.

Wer an einen bestimmten Raum der Stille gewöhnt ist und ihn zu genießen weiß, empfindet jedes Geräusch darin als störend. Selbst die herrlichste Musik. Womit natürlich nichts gegen Musik gesagt sein soll, die wohl großartigste aller Künste, aber alles eben zu seiner Zeit.

Stille, von der wir sprechen, meint nicht allein eine Pause für die gar so strapazierten Ohren. Stille meint einen besonderen Zustand der Seele. Einen beruhigten Zustand. Inneren Frieden. Seelenfrieden. »Nur in stillen Wassern spiegeln sich die Sterne«, heißt eine chinesische Weisheit.

Während eines Seminars habe ich einmal die Geschichte von einer Nonne gehört, die im Klosterhof damit beschäftigt war, Wasser aus einem Brunnen zu schöpfen, als Besucher eintraten und sie fragten, welchen Sinn ein Leben in Einsamkeit und Stille habe. Anstelle einer Antwort wies sie in den Brunnen und fragte die Besucher, was sie dort unten, auf dem Grund, entdecken könnten. Es dauerte eine Weile, aber dann sahen sie ihre Gesichter, denn das Wasser hatte sich beruhigt.

Hier allerdings treffen wir schon auf das erste Problem mit der Stille. Die wenigsten von uns leben in klösterlicher Abgeschiedenheit. Die meisten vielmehr in – wie weit auch immer geknüpften – familiären Banden. Und sich hier, im Kreise seiner Lieben, in ein stilles Gewässer zu verwandeln ist mitunter alles andere als einfach. Denn ein jedes, das zusammen mit uns lebt, Kinder, Partner, Eltern, Schwiegereltern, Hunde, Katzen … ein jedes will unsere Aufmerksamkeit, unser offenes Ohr.

Je lauter diese Stimmen nach uns rufen, desto wichtiger ist der Zeitpunkt für einen Ruhepunkt. Das von allen so begehrte Ohr in die Hand nehmen und uns kurzzeitig selbst leihen. Abseits des familiären Lärms in die Stille gehen. Oft reichen schon wenige Augenblicke aus, um uns wieder in Kontakt mit uns selbst zu bringen.

Ist kein Raum vorhanden, der uns eine einsame Auszeit inmitten all unserer Lieben gestattet, keine noch so kleine Flucht, keine Nische da, die uns still empfängt, schlage ich vor – ganz profan! –, dass wir uns kurzerhand ins Badezimmer zurückziehen. Uns auf die Wanne setzen oder wohin auch immer, die Augen schließen und einfach mal in uns hineinhorchen. Dass »Stillwerden« und »In-sich-Hineinhorchen« nicht einfach ist, wissen wir bereits. Innere Ruhe lässt sich nicht erzwingen, lässt sich nicht diktieren. Sie will sich entfalten, wachsen und langsam in uns ausbreiten.

Selbst wenn wir von einem Meer von Stille umgeben sind, heißt das noch lange nicht, dass wir innerlich ruhig werden. Und ruhig werden inmitten lebhaften häuslichen Treibens, inmitten von quirligem Allerlei und Vielerlei, ist eine besonders schwierige Aufgabe. Aber inmitten der Schwierigkeit liegt ja bekanntermaßen immer auch die Möglichkeit. Wenn wir uns beharrlich und immer wieder in die Stille zurückziehen, auch wenn es nur für einige wenige unspektakuläre Augenblicke ist, kommen wir irgendwann darin an. Und wer in der Stille ankommt, kommt bei sich selbst an.

Im Text eines jüdischen Liedes habe ich einmal gelesen, dass Gott in der Stille seine Melodie versteckt hat. Wer Ohren hat, zu hören, der wird ihr lauschen können, dieser göttlichen Melodie, auch in sich selbst.

Nun gibt es Zeiten, in denen die Familienarena vorübergehend leer und verwaist ist, wir allein zu Hause sind. Jetzt also können wir uns – fernab aller Turbulenzen – in Ruhe Zeit nehmen für die Stille. Uns hinsetzen, wo es uns gemütlich und angenehm ist, vielleicht eine Kerze anzünden und dafür sorgen, dass nichts und niemand uns stören kann, auch kein Telefon und keine Türglocke.

Und dann können wir der Stille unsere ungeteilte Aufmerksamkeit schenken. Spätestens jetzt müsste eigentlich Ruhe einkehren. Rein äußerlich steht dem schließlich nichts mehr im Wege. Aber ach! Das Ersehnte, so nah und doch so fern, will sich nicht einstellen. Denn unser Kopf kommt mal wieder nicht zur Ruhe. »Grübelschleifen-Alarm«, nenne ich diesen Zustand, wenn sich immer neue Gedanken zu Wort melden, abschweifen, zurückkehren, sich im Kreis drehen, wild und schnell, wie ein aus den Fugen geratenes Kirmeskarussell.

Abenteuer Stille, sage ich nur. Ein Raum, der verschlossen bleibt, obwohl er doch offen steht.

Warum gelingt es uns mitunter nicht, obwohl wir besten Willens sind, innerlich still zu werden. Warum denken wir hin und her und vor und zurück, warum denken wir und denken wir ...?

Vielleicht, weil uns in der Stille jene Stimme zu Ohren kommt, die nicht anders kann, als ständig und immer die Wahrheit zu sprechen. Jene leise, aber so kraftvolle Weisheitsstimme in uns, die es aufrichtig gut mit uns meint und von Herzen die Wahrheit liebt. Und die uns Dinge über uns verrät, die wir im Moment möglicherweise gar nicht hören wollen: Dass wir wieder einmal an den falschen Stellen »Ja«

und viel zu selten »Nein!« gesagt haben, obwohl ein entschlossenes »Nein!« so wichtig gewesen wäre. Dass wir geduldig waren wieder nur mit den anderen, aber nicht mit uns selbst. Dass wir uns wieder einmal, entgegen aller guten Vorsätze, mehr um den Garten als um unsere Gesundheit gekümmert haben und so weiter und so weiter.

Mir hat diese innere Stimme einmal gesagt, und das klingt vielleicht nicht sonderlich spektakulär, aber für mich war es in jener Zeit, in der ich mich, durch die Pflege meiner totkranken Mutter, völlig aus den Augen verloren hatte, eine wichtige und heilsame Erkenntnis, mir also hat diese innere Stimme damals geraten, dann zu essen, wenn *ich* Hunger habe, und nicht, wenn die anderen Hunger haben. Sie riet mir also, mich einmal mehr auf meine eigenen und nicht allein auf die Bedürfnisse meiner Lieben zu konzentrieren.

Diese Stimme in uns ist eine mahnende, aber auch eine wohlwollende, eine, die es gut mit uns meint. Die alle unsere Sehnsüchte kennt und alle unsere Wünsche aufspürt, auch und gerade die unausgesprochenen. Und die, wie gesagt, zutiefst ehrlich ist und viel weiser, als wir es gemeinhin ahnen. Selbst in Situationen, in denen wir lautstark verkünden, dass nichts und niemand uns helfen kann, weiß sie Rat, offenbart uns, was wir wissen müssen, gibt auf

Fragen Antwort. Sie redet vielleicht nicht viel. Aber immer genug.

Wenn wir sie hören wollen, verrät sie uns, wo Veränderungen in unserem Leben nötig sind, wo wir an uns arbeiten oder etwas aufgeben müssen, wo wir wachsen und welche neuen Ideen wir ausleben sollten.

Auch hilft sie uns, Entscheidungen zu treffen. Und nicht erst dann, wenn wir bereits so hin- und hergerissen zwischen zwei Möglichkeiten sind, dass wir dem Esel gleichen, der zwischen zwei Heuhaufen verhungert. Wir müssen ihr eben nur die Möglichkeit geben, überhaupt reden zu dürfen. Wir müssen ihr Stille und unser Ohr schenken.

Innere Stille, die uns daheim, aus was für Gründen auch immer, nicht gelingen will, kann uns durchaus anderswo gelingen.

Geh an Orte, wo neue Gegenstände,
Worte und Menschen Dich berühren,
dir Blut, Leben, Nerven und Gedanken auffrischen.
Wir Frauen haben dies doppelt nötig.[6]

Was Rahel Varnhagen, berühmte Muse der Berliner Salon-Kultur, hier im Jahr 1819 geradezu beschwörend an ihre Schwester schreibt, gilt auch heute noch. Hin und wieder aus den gewohnten Strukturen, aus allen familiären Bezügen auszubrechen, um sich Neuem zu öffnen und sich von diesem Neuen füllen und erfüllen zu lassen, kann wichtig und bereichernd sein. Selbst ein kurzzeitiges Verlassen der häuslichen Umgebung kann Wunder wirken. Weil das Leben uns draußen vor der Tür ganz anders anrührt und berührt als im Dunstkreis des Gewöhnlichen.

Also, Wohlfühlorte außerhalb der eigenen vier Wände suchen. Sich zum Beispiel eine Parkbank ausgucken, die irgendwo in unserer Nähe im Schatten alter Bäume steht. Oder einen gemütlichen Platz am Ufer eines Flusses, eines Sees, irgendwo auf einem Hügel, einem Aussichtspunkt. Ganz egal. Wir können uns auch einen Platz in der nächsten Kirche suchen, mit Blick auf ein Kreuz, ein Kunstwerk, einen betenden Engel oder was immer uns gefällt. Vielleicht gibt es auch einen Friedhof, den wir aufsuchen können. Viele Menschen haben Berührungsängste mit Friedhöfen. Ich liebe diese verschwiegenen Orte gelebten Lebens und genieße es, dort in aller Ruhe zu verweilen und die tiefe Stille, die von ihnen ausgeht, in mich auf- und immer auch mitzunehmen.

Egal, welchen Ort wir uns erwählen für unseren Gang in unsere abseitige Stille, wichtig ist, dass wir uns dort wohlfühlen und dort in aller Herzens- und Seelenruhe Zeit verbringen mögen. Seelenruhe. Ein treffendes Wort, wie ich finde. Die Seele kommt zur Ruhe. Sammelt sich. Wird still.

Stille, die wir hüten, behütet uns.

Sternenstill

Fesseln will man uns am eigenen Herde!
Unsere Sehnsucht nennt man Wahn und Traum,
Und das Herz, dies kleine Klümpchen Erde,
Hat doch für die ganze Schöpfung Raum![7]
ANNETTE VON DROSTE-HÜLSHOFF

Lassen wir erneut unsere Fantasie spielen. Nehmen wir an, das Jahr nähert sich dem Ende. Weihnachten, das Fest der Liebe und der Familie, steht vor der Tür. Und obwohl wir doch so gern voller Tatendrang und voller Vorfreude wären, fühlen wir uns leer und ausgebrannt, kraftlos und erschöpft. Jeden Tag aufs Neue reißen wir uns zusammen, bewältigen unseren Alltag und bemühen uns lächelnd, nach außen hin den Eindruck zu vermitteln, dass alles gut und in Ordnung mit uns ist. Eine Anstrengung, die uns zusätzlich Energien raubt und Kraft nimmt.

Schließlich liegen unsere Nerven derart blank, dass wir bereits beim kleinsten Geräusch zusammenzucken. Und eines Morgens, es ist Barbaratag und wir schneiden gerade Kirschzweige an der Straße, fangen wir sogar an zu weinen, nur weil eine Bekannte, die uns im Vorbeifahren gesehen hat, mit ihrem freundlichen Hupen zu Tode erschreckte.

Diese Tränen aber sind nicht umsonst geweint, denn sie sind uns ein Signal und ein Hinweis. Ein klares, eindeutiges Zeichen, dass es höchste, allerhöchste Zeit ist, in uns selbst hineinzuhören und dieser weisen, wohlwollenden Stimme in uns Gehör zu schenken. Und das zu tun, was sie uns in diesem Moment rät: Uns selbst an die Hand zu nehmen und auf der Stelle in die Stille zu führen.

Vor einiger Zeit erzählte mir eine Frau, die an Brustkrebs erkrankt war, dass sie sich nach ihrer Rückkehr aus der Reha-Klinik jede Woche einmal mit einer Freundin treffen und im Winter sogar eine Woche allein verreisen wolle. »Jetzt, wo ich so krank bin«, sagte sie, »kann da doch keiner etwas dagegen haben.«

Dieser Satz hat mich tagelang beschäftigt. Weil er den traurigen Schluss nahelegt, dass sie erst krank werden musste, um eine so gesunde Entscheidung zu treffen. Die Entscheidung nämlich, sich Zeit für sich selbst zu nehmen.

Wir aber, die wir in der Vorweihnachtszeit spüren, dass wir etwas tun müssen, wenn wir nicht krank werden wollen, stellen uns vor, einfach zu beschließen, für ein paar Tage zu verreisen. – Und kaum haben wir diesen verwegenen Entschluss gefasst, gefällt es dem

Himmel, uns Ideen und Vorschläge zu schicken. Und schon entdecken wir im Schaufenster eines Reisebüros genau das richtige Angebot für uns.

Und weil es Winter ist, ein kalter eisiger Winter, verabschieden wir uns kurzerhand in die Schweizer Alpen. Und dort, in der Abgeschiedenheit der Bergwelt, wo im Sommer glasklare Seen unter hochstämmigen Lärchen träumen, finden wir zu unserer großen Freude alles genau so vor, wie wir es gewollt und gewünscht haben. Das kleine Dorf empfängt uns tief verschneit, keine Autos hier, kaum Menschen, nur eine große Stille und allüberall schneeweißer Schnee. Losgelöst vom Getriebe des Alltags, mit Leib und Seele dem Augenblick verschrieben, nehmen wir uns jetzt Zeit zu körperlicher und seelischer Erholung. Kaum angekommen, zieht es uns mit unwiderstehlicher Macht hinaus ins Freie, in die klare kalte Luft, unter den klaren blauen Himmel, wo wir uns erstaunlich wohl und zu Hause fühlen. Und schon unternehmen wir unseren ersten ausgiebigen Spaziergang mit unserem Hund, der auf dieser Reise nicht fehlen darf, ein Riesenkerl, den so leicht nichts aus der Ruhe bringen kann. Aber ach, gleich bei unserer ersten Wanderung erschreckt ihn die Fehlzündung einer defekten Schneeraupe genauso, wie sie uns erschreckt. Nur dass er sich von seinem Schreck nicht so schnell erholt wie wir, sich ängstlich im Keller unseres Ferienhauses verkriecht und sich standhaft weigert, die dunkle Stille wieder zu verlassen. Nichts kann ihn locken, nicht einmal ein appetitlich duftendes Wiener Würstchen, das wir ihm mit unerschütterlicher Freundlichkeit entgegenhalten. Erst als die Kirchturmuhr des kleinen Bergdorfes die zweite Stunde nach Mitternacht schlägt, will er ins Freie.

Und da wir allein mit ihm sind, bleibt uns nichts andres übrig, als ihn zu begleiten. Auch in der folgenden Nacht verlassen wir gegen zwei das Haus mit ihm. Und in der übernächsten ebenfalls.

Wie der einsam wandernde und träumende Philosoph Jean-Jaques Rousseau könnten wir unsere nächtlichen Spaziergänge mit den Worten beginnen: »So bin ich denn allein auf dieser Erde, habe ... keine Gesellschaft außer mir selbst.«

Bereits in der zweiten Nacht merken wir, dass diese Spaziergänge, bei denen wir im wahrsten Sinne des Wortes »hinaus in die Weite« geführt werden, zum Großartigsten gehören, was wir je erfahren durften. Auch wenn uns der Schritt aus dem kuschelig warmen Bett in die kalte Nacht hinaus jedes Mal Überwindung kostet, sobald wir draußen sind, fühlen wir uns an Worte des Psalmisten erinnert:

Er führte mich hinaus in die Weite,
er befreite mich, denn er hatte an mir Gefallen.
PSALM 18,20

Nun kennen wir den Sternenhimmel in der Wüste nicht, der ja angeblich ein ganz einzigartiger sein soll. Aber wir können versichern, dass der Sternenhimmel im Hochgebirge, in einer kristallklaren, frostklirrenden Winternacht ebenfalls atemberaubend schön ist.

Zauber einer Winternacht. Die verschneite Welt empfängt uns in tiefer Stille. Groß und stumm schauen die Berge auf uns herab und schicken von weither das Rauschen ihrer Bäche durch die Nacht. Ansonsten ist nichts zu hören außer dem Atem unseres Hundes und dem Knirschen des Schnees unter unseren Schuhen. Wieder und wieder bleiben wir stehen, legen den Kopf in den Nacken und richten unseren Blick hinauf in diese grenzenlose, unbegreifliche Weite. Und es ist, als würde der nachtschwarze Himmel uns näher kommen, als würde er sich zu uns herunterbeugen und uns sanft und samtig berühren.

Und wir stehen da, inmitten dieser verschneiten riesigen Einsamkeit, weit weg von unserem Alltag, weit weg von allen Aufgaben und Pflichten, stehen unter diesem funkelnden Firmament und haben das Gefühl, einzutauchen in diese unendliche Weite, hineinzufließen, eins zu werden mit ihr. Und leise, wie auf Zehenspitzen, kommen uns jene drei Worte in den verzauberten Sinn, jene biblische Formel, mit der wir schon einmal die Welt in uns zum Klingen gebracht haben:

»Hier bin ich.«

Und während wir diese Worte zu den Sternen hinaufflüstern und sie dabei in unsere Tiefe hinabsinken, geschieht das Wundervolle: Wie damals, im Schutz unseres Baumes, wo wir innerlich endlich zur Ruhe gekommen waren, spüren wir auch jetzt, wie wir weit und immer weiter werden, sich das Draußen und das Drinnen seltsam miteinander vermischen. Wie alles still wird. Vollkommen still.

Und auch wir sind plötzlich nichts anderes als diese große, endlos scheinende Sternenstille, sind Himmel und Erde, sind Raum und Zeit, Leere und Fülle. Wir sind lebendiger, liebender Ausdruck eines anderen, eines Höheren. Und dabei doch einmalig und einzigartig. Ganz wir selbst, unbegrenzt in unseren Möglichkeiten und dabei zärtlich aufgehoben in diesem Höheren ...

Und dann ist es vorbei. Genauso plötzlich wie es angefangen hat. Die Erde hat uns wieder. Wir stehen da, inmitten dieser großen Einsamkeit, und spüren eine Freude, einen Frieden und eine neu erwachte Kraft in uns, die wir mit Worten unmöglich einfangen können.

Und mit dieser ganz besonderen, dieser segenbringenden Kraft, diesem göttlichen Funken, der uns neu »entzündet« hat, gehen wir langsam zurück. Verabschieden uns voller Dankbarkeit vom Sternenhimmel in dieser Nacht und bald auch von dem kleinen Dorf in den verschneiten Bergen, dieser Kraftquelle, die wir zurücklassen, aber irgendwie auch mitnehmen.

Wunderbar gestärkt, ganz neu in Kontakt mit uns selbst, kehren wir nach Hause zurück, wo uns der Trubel der Vorweihnachtszeit mit offenen Armen empfängt. Wir aber strahlen, inmitten des hektischen Treibens, Ruhe, Kraft und eine ansteckende, mitreißende Lebensfreude aus. Und es ist verblüffend, wie viel leichter uns der Alltag jetzt von der Hand geht. Keine unserer Verpflichtungen und Aufgaben scheint uns so anstrengend, so nervenaufreibend und Kräfte zehrend zu sein wie in den Tagen zuvor. Alles funktioniert erstaunlich reibungslos. Und dort, wo sich Probleme einstellen, finden wir rasche, unaufgeregte Lösungen. Wir sind wie ein Baum, der lächelnd den Stürmen standhält. Nichts kann uns so leicht umwerfen, nichts und niemand so einfach aus der Fassung, aus der Spur bringen. Denn wir sind im Gleichgewicht, im inneren Lot. Sind tief verwurzelt in unserer ureigenen Kraft.

Und mit Freude beobachten wir, wie schnell sich unsere positive Ausstrahlung auf unser Umfeld überträgt. Staunen darüber, welch große Wirkung unsere kleine Auszeit hat. Sie ist ein doppeltes Geschenk. Indem wir uns selbst beschenkt haben, beschenken wir jetzt unsere Lieben, unsere Nächsten.

Ich habe einmal eine Künstlerin gefragt, warum sie mit so beeindruckender Hartnäckigkeit die Farbe Rot in ihren Bildern verwendet, manchmal nur als kleinen Kleks, als akrobatisches Tüpfelchen, dass inmitten der anderen Farben herumturnt, dem Betrachter aber dennoch unübersehbar deutlich ins Auge springt. Sie hat mich lange und nachdenklich angeschaut und dann geantwortet: »Kann ich nicht sagen, aber ich brauche es, dieses Rot.«

Und genauso machen wir es auch.

Am Heiligen Abend, wo unsere Barbarazweige in der Vase uns zum blühenden Symbol unserer neu erwachten Kraft werden, am Heiligen Abend also legen wir uns einen guten, einen feuerroten Vorsatz unter den Tannenbaum. Dass wir von jetzt ab jener weisen Stimme in uns lauschen, die weiß, wann es Zeit ist, wann es allerhöchste Zeit ist, ein lautes und deutliches »Ja!« zu uns und unserem Bedürfnis nach Ruhe, Erholung, Rückzug – was auch immer – zu sagen. Wann wir, bildlich gesprochen, einen Klecks Rot auf unserem Lebensweg brauchen. Weil es uns ansonsten zu bunt wird.

Mein Freund, der Baum

Kehren wir noch einmal zu unserem Märchen von der abgehetzten Frau zurück. Hier war der äußere Ort innerer Verwurzelung eine alte Eiche. Kein schlechter Ort, wie ich finde, sind doch Bäume, diese mächtigen Mittler zwischen Himmel und Erde, ganz wunderbare Vorbilder gelungener Verwurzelung.

Buddha, der erst nach langem Suchen seinen Weisheitsweg gefunden hat, fand im Schatten eines Feigenbaums das, was er bei all seinen Lehrern vergeblich gesucht hatte. Erleuchtung. Für ihn wurde der Baum zu einem prägenden, sein weiteres Leben bestimmenden Ort des Erwachens.

Bäume, diese »Prediger«, wie Hermann Hesse sie nennt, sind eine Quelle der Weisheit. Ganz in meiner Nähe, zu Füßen des heiligen Jakobsberges, steht eine Rosskastanie auf einem kleinen Friedhof, die fast vierhundert Jahre alt ist. Ein Monument, ein Denkmal von Baum, mit einer Kronenspannweite von fünfundzwanzig Metern. Für mich ist sie eine Art Urmutter, eine weise Alte, die ihre Toten gut beschützt und uns Lebenden zuzuflüstern scheint, dass wir uns Zeit nehmen und in Geduld üben dürfen, wenn es um unser Wachstum geht. Dass wir aber gleichzeitig bereit sein müssen, in jedem Augenblick Abschied nehmen zu können, Geliebtes, das wie die fallenden Blätter des Baumes nicht zurückkehrt, loszulassen. Abschiede, die sich bei aller Trauer aber am Ende in etwas Gutes verwandeln. In fruchtbare Erde, aus der Neues wächst.

Bäume markieren seit Menschengedenken heilsame und magische Orte. Ich bin sicher, wenn wir uns in unserem Leben umschauen und dabei auch einen Blick in unsere Kindheit werfen, werden uns Bäume begegnen, die uns »begleitet« haben oder an die wir uns zumindest erinnern, weil wir eine Art von Beziehung zu ihnen gehabt haben. Vielleicht, weil diese Bäume unseren Schulweg gesäumt haben und von all unseren Nöten und Ängsten in dieser Zeit wussten. Weil wir mutig auf sie hinaufgeklettert sind, die Welt aus ihrer Perspektive mit anderen Augen gesehen haben. Oder weil sie unseren ersten Kuss beschirmt, unsere erste Liebe beschützt haben. Vielleicht erinnern wir uns auch an sie, weil wir uns vor ihnen gefürchtet haben, vor all den zerzausten und verwachsenen Flussweiden oder den geduckten Wacholderkerlen.

Als Kind bin ich gern durch eine Allee gelaufen, die »Im Jammertal« hieß. Den Namen fand ich irritierend, weil ich es unter dem stolz aufgerichteten Spitzahorn so gar nicht zum Jammern fand. Ganz im

Gegenteil. Es gefiel mir, wie die Bäume ihre Köpfe über mir zusammensteckten und miteinander flüsterten, als hätten sie Geheimnisse.

Wer sich Zeit nimmt, die Augen schließt und in Gedanken Orte seiner Kindheit aufsucht, der sieht und riecht sie vielleicht, alle die Pappeln, die Akazien, die Linden, die duftenden Apfel- und Pflaumenbäume von damals.

Bäume. Lebendige Zeugen geballter Kraft. Warum sie nicht zu einem ganz persönlichen Kraftort erklären? Warum nicht, wie in längst vergangenen Kindertagen, Kontakt mit ihnen aufnehmen, Freundschaft schließen? Bäume, die sich für solch enge Beziehungen eignen, gibt es allüberall und gewiss auch in unserer nächsten Umgebung. Inmitten von Wiesen und Feldern, in einer Parklandschaft, im eigenen oder im benachbarten Garten, am Wasser, im Wald, auf einem Friedhof ... – wo auch immer.

Jeder Baum ist eine Persönlichkeit, ist ein wunderbares Symbol der Ganzheit und der tief verwurzelten Kraft. Und jeder Baum versinnbildlicht das Prinzip der Natur, dieses ewige Stirb und Werde, diesen vollkommenen Kreislauf, der so alt ist und so göttlich wie die Welt selbst. »Der Mensch muss Erde unter den Füßen haben«, sagt die Schriftstellerin Gertrud von le Fort, »sonst verdorrt ihm das Herz.«

Mir ist in Bingen, wo ich lebe, und es gibt andere Bäume an anderen Orten, eine Rosskastanie ans Herz gewachsen, die inmitten von Weinbergen, umgeben von Reben, steht. Ich habe sie »Eva« genannt. Nach einer Bekannten, die wie der Baum, mit seinen weit ausgebreiteten Armen, etwas wunderbar Behütendes und Beschützendes hat. Äste wie Flügel, sage ich immer.

Auf denn! – brechen wir zu Spaziergängen in die nähere und weitere Umgebung auf. Gehen wir auf Baumschau. Wir können viel erleben, wenn wir die frühen Morgenstunden nutzen, den noch schlafenden Alltag zu Hause lassen, alle überflüssigen Gedanken wie unnötiges Gepäck abwerfen und uns mit allen Sinnen auf den Weg machen, neugierig und offen.

Gehen ist lebendiges, ganz und gar ursprüngliches Tun, zu dem wir nichts anderes brauchen als passendes Schuhwerk. Ich selbst gehe gern und oft, gehe, wenn es mir gut geht, und gehe, wenn es mir schlecht geht. Und wenn an meinem Schreibtisch so gar nichts geht, dann gehe ich auch. Genau genommen gehe ich immer.

Verlassen wir also in aller Herrgottsfrühe – und es lohnt sich, über dieses wunderschöne Wort beim Eintauchen in den Tag ein wenig zu meditieren –, verlassen wir also in aller Herrgottsfrühe das Haus und finden, noch bevor wir etwas suchen, zuerst einmal den richtigen Rhythmus für unsere Schritte, gehen nicht schwerfällig wie erschöpfte Lastenträger, vielmehr leichtfüßig und beschwingt. Und während wir so fröhlich schwerelos einen Fuß vor den anderen setzen, nehmen wir den göttlichen Frieden und die tiefe Stille des erwachenden Tages in uns auf und genießen die Frische der Natur. Durchatmen, lautet die Maxime dieses Morgens. Innerlich und äußerlich treiben lassen, Zeit lassen, Augen haben zu sehen, wachsam sein ...

Und eines schönen Tages ist es dann so weit. Ein Zufall, der kein Zufall ist. Überraschend und unerwartet läuft er uns über den Weg. Der Richtige. Aus grobem Holz geschnitzt, dennoch ein feiner Kerl. Vielleicht ist es Liebe auf den ersten Blick, vielleicht auch nicht. Und wer weiß, vielleicht hat der Baum auch uns gefunden und nicht wir ihn. Ganz einerlei. Wichtig allein, wir haben das Gefühl, in seiner Nähe zu Hause zu sein. Und deshalb verabreden wir uns mit ihm. Und wie es sich für ein erstes Rendezvous gehört, wollen wir natürlich allein mit ihm sein. Ungestört und unbeobachtet. Vielleicht gibt es eine Bank, auf die wir uns setzen können, vielleicht nehmen wir uns eine Decke mit, einen Klappstuhl, alles das, was wir zum Wohlfühlen an seiner Seite brauchen.

Und wie in unserem Märchen versuchen wir jetzt, nichts anderes zu tun, als da zu sein. Anwesend sein. Im lichtgrünen Schatten unseres Baumes alles das loszulassen, was uns immer noch im Kopf herumgeistert. All das Leichte und all das Schwere, alle die kleinen und großen Probleme, die ewig wiederkehrenden Geschichten, die immer gleichen Themen. Leer werden. Vollkommen leer werden. Denn es gibt jetzt nichts Wichtigeres als uns selbst. Keine Aufgaben, keine Pflichten, keine Verantwortung.

Dass solcherart Loslassen nicht leicht ist, wissen wir bereits. Abschalten und zur Ruhe kommen ist mitunter bedeutend schwieriger, als ohne Unterlass geschäftig umherzuhetzen.

Nehmen wir an, wir sitzen zum ersten Mal unter unserem sommergrünen Laubbaum, der stolz auf einer Anhöhe steht und weit übers Land blickt. Und wir sitzen und schauen umher und – nichts passiert, obwohl wir doch so voller Erwartungen, Hoffnung und Sehnsucht hierhergekommen sind und der aufgehende Morgen zudem von berauschender Schönheit ist. Die reinste Offenbarung. Der Himmel hängt so verheißungsvoll weit und hoch über der Welt, schmückt sich mit einem Streifen Blau, eingehüllt in zartes Rosa. Feurige Wölkchen tanzen darin, glühend vor Freude. Und auch die Landschaft zu unseren Füßen ist übergossen mit diesem rosigen Licht. Eine Herrlichkeit, die unseren Verstand eigentlich zum Schweigen, zum Staunen bringen müsste. Ungeachtet all der Schönheit aber mag er nicht zur Ruhe kommen, schmollt sozusagen. Verweigert nicht nur den Rückzug, drängt sich vielmehr frech in den Vordergrund, lässt unsere Gedanken im Angesicht des Baumes vom Hölzchen aufs Stöckchen kommen, Purzelbäume schlagen, sich vor und zurück und schließlich im Kreis drehen. Und obwohl es doch höchste und beste Zeit wäre, in die Tiefe des Augenblicks und damit auch in unsere eigene Tiefe einzutauchen, bleiben wir an der Oberfläche. Und so sitzen wir da und werden zusehends unlustiger, schimpfen schließlich sogar, weil wir uns ärgern, über uns, über den Baum, über die aufgehende Sonne, über eigentlich alles.

Eine Bekannte, die leidenschaftlich gern Gedichte schreibt, erzählte mir einmal von einem Ferienaufenthalt in einer alten Wassermühle in der Lüneburger Heide. Gleich unter ihrem Fenster drehte sich das Mühlrad mit zeitloser Geduld und rauschender Freude. Wie herrlich romantisch, dachte sie bei der Ankunft und lauschte verzückt. Am Abend allerdings, als sie von ihrer ersten Wanderung zurückkehrte und in seliger Ruh ein Gedicht auf den Tag schreiben wollte, störte sie das Rauschen vor ihrem Fenster plötzlich. Sie empfand es als zu laut, zu aufdringlich. Von einem Moment zum anderen hatte sich das romantische Mühlrad in einen unromantischen Geist verwandelt, einen Quälgeist, der ihren Gedankenfluss frech durcheinanderwirbelte. Und je mehr sie sich über seine Anwesenheit ärgerte, desto lauter rauschte es vor ihrem Fenster.

Natürlich kam sie nicht dazu, ein Gedicht zu schreiben. Und genießen konnte sie ihren ersten Abend in der alten Wassermühle, auf den sie sich so sehr gefreut hatte, auch nicht. Wie denn auch? Der Ärger darüber, dass dieser Abend so anders war, als sie ihn sich ausgemalt hatte, machte sie fühllos und unempfänglich.

So gewahrte sie nicht, was sie am nächsten Abend mit viel Freude in Verse brachte, dass die untergehende Sonne über der blühenden Heide ein ganz besonderes Licht durchs Fenster schickte. Roch nicht die Frische, die vom bewegten Mühlwasser zu ihr heraufwehte und ganz eigene Geschichten vom Tag mitbrachte. Sie war mit nichts anderem beschäftigt, als mit ihrem Unbehagen über das umtriebige Rad. Für sie war der Augenblick definiert durch seinen Makel. Für sie rauschte er. Sonst nichts.

In der Nacht, in der sie trotz Ohrenstöpsel keinen Schlaf fand, öffnete sie schließlich das Fenster und führte, wie sie mir sagte, ein sehr ernsthaftes und ernst zu nehmendes Gespräch mit dem Mühlrad. Eine Art klärendes Beziehungsgespräch.

Am Morgen danach war sie wie verwandelt, war eine andere geworden, und sie schrieb bereits beim Frühstück ihr erstes Gedicht.

Was war passiert in jener Nacht, in der sie am offenen Fenster mit einem toten Gegenstand Zwiesprache gehalten hatte? Ganz einfach. Auf diese außergewöhnliche, wie ich finde, sehr lebendige Art und Weise, hatte sie symbolisch Kontakt mit dem Augenblick aufgenommen. War sozusagen auf Tuchfühlung mit ihm gegangen. Und hatte ihm, flott formuliert, die Absolution erteilt. Hatte »Ja!« zu ihm gesagt. Durch ihre Auseinandersetzung mit dem Mühlrad hatte sie dem Augenblick erlaubt, so zu sein, wie er nun einmal war. Wasserbewegt. Und diese Annahme hatte ihr die Freiheit beschert, sich mit seinem unaufhörlichen Rauschen anzufreunden.

Und genau das machen wir, die wir immer noch unlustig unter unserem Baum aushalten, jetzt auch. Wir schenken dem Augenblick ein Lächeln. Anstatt uns weiter darüber zu ärgern, dass wir innerlich nicht zur Ruhe kommen und unser Geist partout nicht abschalten will, akzeptieren wir diesen Umstand, nehmen ihn widerstandslos hin. Anders formuliert, wir verwandeln uns im Schatten des Baumes in ein einziges großes Ja zum Augenblick. Wir fremdeln nicht länger, weil wir uns diesen Morgen so ganz anders vorgestellt haben, wir begrüßen den Augenblick vielmehr wie einen wirklich guten Freund, drücken ihn symbolisch an unser Herz. Wir nehmen ihn genau so an, wie er nun einmal ist, nehmen ihn bedingungslos und entschieden in seinem So-Sein an.

In einem Gedicht von Erich Fried bringt die Liebe diese bedingungslose Akzeptanz auf einen sprachlich schlichten, aber schönen Nenner:

»Es ist, was es ist«, sagt sie.

Und so ähnlich sagen wir nun auch an der Seite unseres geduldigen Baumes:

»Es ist, wie es ist«, sagen wir.

Das ist der wichtige Moment. Das ist der Moment, wo wir in die Tiefe des Augenblicks eintauchen und damit auch in unsere eigene Tiefe. Dorthin also, wo unsere Intuition, unsere Lebensfreude, unsere Lebenskraft sitzt. Eine Kraft, die hoch kreativ ist.

»Es ist, wie es ist«, sagen wir.

Durch die Berührung mit dieser so lebendigen Tiefe, diesem »Himmelreich in uns«, kommt etwas in Bewegung in uns. Und auf einmal schweigt der Verstand, weil unsere Sinne sich zu Wort melden. Wir werden, im wahrsten Sinne des Wortes, »sinnvoll« in diesem Augenblick, strecken uns genüsslich im Gras aus, verschränken die Arme hinterm Kopf und betrachten völlig entspannt das rosige Licht des Morgens in unserem Baum, das wie Vögel in seinen Zweigen nistet, von Ast zu Ast hüpft, die Blätter durchleuchtet und sie wie Kirchenfenster erstrahlen lässt. In Goethes Märchen fragt ein König die Schlange, ob es etwas gibt, das herrlicher ist als Gold, und erhält die Antwort: »Ja, das Licht!«

Und während wir so liegen und in aller Ruhe und größter Gelassenheit das so herrliche Licht betrachten, spüren wir die kühle Luft des Morgens auf unserer Haut, den weichen, nachgiebigen Boden unter unserem Rücken, riechen die Erde, das Moos, spüren den Atem unseres Baumes, seinen Pulsschlag ... und auf einmal drängt es uns regelrecht, ihn nicht nur anzuschauen, ihn vielmehr zu berühren.

Stiefmütterchen

Die Straße, in der ich damals lebte, war erstaunlich still. Kein Kinderlachen hier, keine bellenden Hunde, keine tippelnden, trippelnden Fußgänger, nur ab und zu vorbeifahrende Autos und gähnende Garagentore. Der Einzige, der für ein wenig Lebendigkeit sorgte, war mein Nachbar, den ich täglich beobachtete, weil mein Schreibtisch direkt am Fenster stand und sein Vorgarten mir quasi zu Füßen lag. Der Mann war alt und klein und kam nie ohne Hut in den Garten. Meist trug er ein Kissen unterm Arm, ein verschlissenes braunes Sofakissen, auf das er sich niederkniete, um seinen Blumen nah zu sein. In dieser Haltung kümmerte er sich liebevoll und ausdauernd um sie, befreite sie von Verwelktem und Vertrocknetem, duldete keinerlei Schädlinge auf ihren Blättern.

Gewiss schlug sein blühendes Herz für alle seine Pflanzen, aber die Stiefmütterchen, so würde ich behaupten, die Stiefmütterchen, die in artigen Reihen zur Straße hin standen, waren ihm die Liebsten. Zumindest schenkte er ihnen die meisten Streicheleinheiten. Und sie dankten es ihm auf ihre Weise, indem sie sich ihm mit Anmut entgegenstreckten.

Ich habe mir diese Stiefmütterchen angeschaut, heimlich, wenn er nicht im Garten war, habe mich über sie gebeugt so wie er, ihren Duft eingeatmet und ihre Blüten bewundert, die so erstaunlich groß waren und die, was ich vorher nie gesehen hatte, einen Engel einzuschließen schienen, einen schwebenden schwarzen Engel inmitten ihrer Farbe, wie eine Signatur, eine Art Stempel von höchster Stelle.

Ich habe nur ein einziges Mal mit dem Mann gesprochen. Es war kurz vor seinem Tod. Ich hatte ein Paket für ihn angenommen und es ihm in den Garten gebracht. Ich weiß noch nicht einmal, worüber wir eigentlich geredet haben, und erinnere mich nur an einen Satz, den er gesagt hat: »Ehre, wem Ehre gebührt«. Und ich glaube, es war der Ton in seiner Stimme, diese leise Feierlichkeit, die mich gerührt hatte.

Viel später, als ich mich mit Hildegard von Bingen beschäftigt habe, hat mich ein Satz von ihr wiederum an ihn erinnert: »Pflege das Leben, wo du es triffst«, hat sie gesagt. Und genau das war es wohl, was mich so fasziniert hatte an ihm, diese Zärtlichkeit, mit der sich an jedem Tag neu und immer wieder mit der gleichen Hingabe um das ihm anvertraute Grün bemüht hat.

Also – warum unseren Baum, unseren »Märchenprinzen«, nicht einfach einmal berühren wie einen geliebten Menschen. Legen wir ihm die Hände auf, umarmen ihn vielleicht sogar. Spüren »Herz an Herz« der Kraft aus seiner Tiefe nach.

Unser Baum ist pulsierendes Leben, ist geballte Energie. Lassen wir uns begeistern, inspirieren, beleben von ihm. Ausprobieren. Neugierig sein.

Befühlen wir seinen Stamm, der mit so feierlichem Ernst, archaisch und ein wenig rätselhaft vor uns steht und der, was wir jetzt erst bemerken, voller Zeichen ist. Runenähnliche Einschreibungen, die, je länger wir sie betrachten, ein geheimnisvolles Eigenleben zu führen scheinen und unsere Fantasie anregen. Und so wie Kinder die Welt berühren, um sicherzugehen, dass sie existiert, fahren wir jetzt ganz vorsichtig, ganz sensibel, mit dem Finger alle diese seltsamen Zeichen nach. Und während wir diese Lebensadern erfühlen, lauschen wir der »Stimme« unseres Baumes, sind ganz Ohr für ihn. Schließen die Augen und überlassen uns diesem faszinierenden Klangerlebnis aus der Höhe, diesem Raunen, Rascheln, Rauschen, dieser Symphonie der Blätter, dieser Ode an die Freude ...

Aber ach! – gerade jetzt, wo wir unserem Baum endlich nähergekommen sind, heißt es Abschied nehmen. Denn der Alltag mit all seinen Aufgaben und Pflichten zitiert uns nach Hause zurück. Und doch gehen wir gern und beschwingt, weil wir an diesem lichtvollen Morgen das gute Gefühl mitnehmen, dass dies der Anfang einer wunderbaren Freundschaft ist.

Seien wir unserem Baum auch dann noch nah, wenn wir längst wieder zu Hause sind. Indem wir uns ein Blatt von ihm mitnehmen oder einen abgefallen Zweig oder indem wir ihm einen Namen geben. Und später, wenn unsere Freundschaft bereits auf fest verwurzelten Füßen steht, beobachten wir doch einfach einmal seine sich wandelnde Gestalt durch den Rhythmus der Jahreszeiten hindurch.

Haben auch in Zeiten, in denen wir eigentlich keine Zeit für ihn haben, stets ein Auge auf ihn. Geben wir acht, wie er im Herbst seine Blätter abwirft, während ihm feuchtes Laub an den Füßen klebt, wie er sich im Winter ganz still in sich selbst zurückzieht, um dann, im Frühjahr, neue Knospen auszutreiben, wie er in frischem Mai-Grün leuchtet und im Sommer seinen dunklen Blätterbauch bauscht und bläht.

Und seien wir bei all dieser »Beziehungsarbeit« genauso geduldig wie er. Machen wir uns bewusst, dass Wesentliches im Leben gern auf leisen Füßen, auf Zehenspitzen daherkommt, wie es im Alten Testament ganz wunderbar geschrieben steht, wo Gott dem Propheten Elija nicht im Sturm, nicht im Erdbeben, nicht im Feuer, vielmehr im »sanften, leisen Säuseln« des Windes begegnet (1 Kön 19,12–14).

Haben wir ein Meer von Geduld in uns und halten wir dem Baum die Treue. Gehen wir wieder und immer wieder hin. Seien wir stoisch, gelassen wie er.

Halten wir an der tiefen Ahnung fest, dass wir hier, in seiner wohltuenden und kraftstrotzenden Nähe, in Kontakt mit unserer eigenen Lebenskraft kommen. Schlagen wir Wurzeln an seiner grünen Seite und verlieren wir die Hoffnung nicht. Hätten wir früher, in unserer Kindheit, bereits nach den ersten Stürzen aufgegeben, könnten wir heute noch nicht aufrecht stehen wie unser Baum.

Ganz egal, wo und unter welchem Baum wir es uns gerade gemütlich gemacht haben, um in uns selbst einzukehren, bevor wir aufgeben, weil unser Verstand, der alte Wichtigtuer, alles das, was wir da machen, als albern und als Unsinn abtut und uns einreden will, dass es bedeutend Wichtigeres zu tun gibt, als hier untätig herumzusitzen ... – ihn kurzerhand ablenken, überlisten. Kreativ werden.

Letztlich las ich auf der Tafel eines Walderlebnispfades, dass die Germanen in die Äste von Buchen Schriftzeichen, Runen, geritzt haben, die sie für ihre Orakel verwendeten, weshalb das Wort »Buchstabe« etymologisch von »Buchen-Stäben« herrührt. Auch wenn diese Theorie in Fachkreisen umstritten ist, die Idee, Baum und Buchstabe miteinander in engste Beziehung zu setzen, gefällt mir über die Maßen.

Schreibend in Kontakt mit mir

Ein milder Herbsttag. Spätsommerfäden, ein Glitzern in der Luft. Lächelnd verabschiedet sich unser Baum von seinen ersten welken Blättern, lässt sie leise, ganz leise zu Boden schweben. Ein Bild tiefer, beinahe meditativer Stille, wäre da nicht schon wieder diese Unruhe in uns selbst, dieses vorlaute Lamentieren unseres Verstandes. Und weil wir uns fest vorgenommen haben, seinetwegen nicht aufzuspringen und davonzueilen, nehmen wir jetzt unser Notizbuch hervor, das wir uns extra für diesen Anlass gekauft haben. Und während die Blätter um uns herum zu Boden fallen, »fallen wie von weit ...« – lassen wir mit derselben Leichtigkeit Worte aufs Papier fließen, lassen sie einfach kommen und geschehen. Ohne Kontrolle. Ohne Zensur. Wichtig ist gar nicht so sehr, was wir schreiben, wichtig allein ist, dass wir schreiben. Ohne Grübeln, ohne Suchen, einfach nur Wort an Wort reihen.

Und während es wie aus weiten Fernen »hier bin ich« zu uns herüberflüstert, halten wir den Stift in ständiger Bewegung, setzen ihn möglichst gar nicht ab. Beinah so, als würde der Stift uns führen und nicht wir ihn. Und auch wenn wir so gar nicht begreifen, was wir da eigentlich alles niederschreiben, weil sich unsere Sätze so seltsam banal, vielleicht sogar ganz ungemein uninteressant in unseren kritischen Ohren anhören, die Worte unbeirrt und ungezähmt weiter fließen lassen. Alles ist erlaubt. Gedankensplitter. Erinnerungen. Brüche. Sprünge. Unfertiges. Angerissenes. Skizziertes. Alles eben. Denn in diesem Augenblick geht es weniger um das Verfassen eines Textes als vielmehr um die Berührung mit uns selbst. Deshalb kein Schönschreiben, kein brav ausformulierter Schulaufsatz. Keine ordentlichen Satzreihen mit Subjekt, Prädikat, Objekt. Lieber mit Lust und Laune, ohne Dressur und gegen den Strich schreiben. Wildwuchs in unseren Worten ist nicht nur erlaubt, vielmehr erwünscht.

Und während wir so dasitzen und fröhlich formlos vor uns hinschreiben, strömt das Murmeln und Flüstern unseres Baumes in uns hinein, klingt in uns nach wie eine uralte Melodie und schwemmt alle überflüssigen Gedanken, die sich noch einschleichen wollen, schwerelos davon. Hineingenommen in die Gegenwart unseres Baumes schweigt unser Verstand. Und während er schweigt, und sich Außen- und Innenwelt in uns geheimnisvoll vermischen, sprudeln unsere Worte plötzlich unermüdlich und munter aus uns heraus. Und auf einmal sind nicht mehr wir es, die da schreiben, »es« schreibt uns. Jene Kraft in

unserer Tiefe, die mitunter wie Dornröschen wach-
geküsst sein will. Schreibend sind wir in Kontakt, in
Berührung mit dieser schlummernden Kraft. Und
es ist genauso erstaunlich wie aufschlussreich, was
unsere »gedankenlosen« Worte so alles zutage fördern.
Denn es ist ja gerade eben nicht unser Verstand, der in
ihnen spricht, es ist unsere tiefere Intelligenz, unsere
Weisheit, unsere Intuition, die sich in ihnen zu Wort
meldet. Und deshalb gibt es keine Zufallsworte. Was
am Ende geschrieben steht, kann uns viel über unsere
seelische Befindlichkeit sagen, viel über die Gefühls-
räume verraten, in denen wir uns zurzeit bewegen.
Kann uns buchstäblich vor Augen führen, was in unserem Leben längst vergangen, aber noch lange nicht
vorüber ist. Wo es Handlungs- und Klärungsbedarf
in unseren Beziehungen gibt, wo »Baustellen« oder
Gefahrenstellen auf unserem Weg lauern.

Manchmal, wenn wir neue Orientierung suchen,
kann es guttun, eine Frage zu formulieren, bevor wir
anfangen zu schreiben. Wie sie lauten muss, hängt
natürlich von der jeweiligen Lebenssituation, den mo-
mentanen Umständen ab. In der Bibel muss derjeni-
ge, der Hilfe erwartet, sich die Frage gefallen lassen:
»Was soll ich dir tun?« (Mk 10,51)

Die Frage scheint mir passend. Und wenn uns
im Moment keine andere auf der Zunge brennt, keine wichtigere auf den Lippen liegt, formulieren wir
sie. Lassen sie kurz auf uns wirken, sich dann aber

sofort wieder in Luft auflösen. »Lehrmeister öffnen die Tür«, sagt ein chinesisches Sprichwort, »aber eintreten musst du selbst.« Genauso ergeht es uns mit dieser Frage. Sie eröffnet uns die Möglichkeit eines neuen Raumes. Hineinschreiben müssen wir uns selbst.

Also schreiben wir los. Formlos. Gedankenlos. Assoziativ. Alles aufschreiben, was als Antwort kommen will. Aber nicht grübeln. Nicht versuchen, die Frage mit dem alles abwägenden Verstand, mit der alles sezierenden Logik zu beantworten. Kein »Geist der Schwere« in diesem Moment. Mit der Leichtigkeit der fallenden Blätter schreiben. Vertrauen haben, dass uns die richtigen, die wichtigen Worte wie von weither zufallen.

Und wenn wir »leer« geschrieben sind, setzen wir einen Schlusspunkt, schlagen unser Notizbuch sofort zu und lesen das Geschriebene erst ein paar Tage später. So gewinnen wir Abstand. Diese zeitliche Distanz zu unseren eigenen Worten hilft uns, sie jetzt in aller Ruhe und mit Verstand und Herz auf das zu prüfen, was sie uns für unser Leben zu sagen haben.

Es ist erstaunlich, wie sie uns mitunter eine ganz neue Sicht der Dinge ermöglichen, eine neue Klarheit schaffen. Weil eben nicht der Verstand aus ihnen spricht, sondern unsere Weisheitsstimme.

Schreibend in Kontakt mit mir – ein Abenteuer, ein Erlebnis, nicht immer ein Vergnügen. Ein Weg aber, auf dem wir ganz neu zu uns selbst finden können. Ausprobieren. Über das Medium Sprache eigenen Spuren folgen. Lebensworte finden.

»Wovon man nicht reden kann, darüber muss man schweigen«, sagt der Philosoph Ludwig Wittgenstein. Wir sagen: »Worüber wir nicht reden können, darüber müssen wir zuerst einmal schreiben.«

Schreiben wir, wenn es um Entscheidungen geht, die in uns reifen wollen. Wenn wir Lösungsmöglichkeiten für konkrete Probleme suchen. Wenn Unaussprechliches uns bewegt, Unsagbares uns umtreibt. Schreiben wir, wenn wir uns in Ablösungsprozessen befinden, wenn der Verlust eines geliebten Menschen uns aus der Bahn zu werfen droht.

> *Der Tod ist groß.*
> *Wir sind die Seinen,*
> *lachenden Munds.*
> *Wenn wir uns mitten im Leben meinen,*
> *wagt er zu weinen*
> *mitten in uns.*[8]
>
> RAINER MARIA RILKE

Gerade dann, wenn der Tod sich in unser Leben schleicht, in unser Leben »tanzt«, wie es im Mittelalter hieß, gerade dann kann es hilfreich und heilsam sein, uns auf Wortwegen neu zu begegnen. Schreibend Kraft aus der eigenen Tiefe zu schöpfen und erleben, wie sich Worte in Wege wandeln und zum Brückenschlag zwischen Erstarrung und neu erwachender Lebendigkeit werden.

Abschied

Es war mein zweiter Sommer in Bingen, als der Tod meiner Mutter mir von einem Tag zum anderen die Leichtigkeit meiner Schritte raubte. Dennoch zog es mich hinaus ins Freie, hinauf in die Weinberge, wo mir auf den heißen trockenen Wegen plötzlich meine Vergangenheit begegnete und mich wie ein herrenloser Hund auf Schritt und Tritt begleitete. Und während mein Schreibtisch vor dem Fenster geduldig auf mich wartete, saß ich unter Bäumen und schrieb, schrieb und schrieb, als befürchtete ich, mich ansonsten zu verlieren.

In jenen heißen Schreibsommertagen entdeckte ich als Ort der Ruhe, des Rückzugs, der Besinnung und der Trauer, einen kleinen Friedhof für mich. Einen Klosterfriedhof, der sich wie ich vor dem lauten Leben der Stadt zu verkriechen schien und im Schatten einer Gebetskapelle Schutz suchte.

Ein ganzes Jahr lang begleitete mich dieser beschützte Hort, wo im Sommer der warme Duft von Rosen und Lavendel wie ein Trost über den Gräbern schwebte, im Herbst der Nebel von den Weinbergen herüberzog, der Winter die schlichten grauen Kreuze der Nonnen glitzern ließ, und im Frühling der Gesang der Amsel zum Neuanfang rief.

Ein verschwiegener Ort, der viel von mir weiß und von dem auch ich viel weiß und der mir geholfen hat, mich regelrecht leer und frei und dennoch bis in die tiefsten Tiefen meiner Seele hineinzuschreiben.

Und so bin ich dort, auf diesem kleinen Friedhof, in dieser göttlichen Stille, durch mein unermüdliches Schreiben reich beschenkt worden. Mit neu zum Leben erweckter Kraft, mit neu erwachter Lebensfreude.

Das Schöne ist, wann immer wir merken, dass Schreiben unserer Seele guttut, können wir Notitzbuch und Stift ohne große Umstände in der Handtasche bei uns tragen. Die Möglichkeit zu schreiben ergibt sich beinah überall. Selbst in der Straßenbahn, im Zug, im Café, im Wartezimmer des Arztes können wir uns, wenn uns das Bedürfnis danach überfällt, in uns selbst zurückziehen und die im Augenblick so wichtigen Wortfäden aufnehmen und weiterspinnen.

Da sich unser Freund, der Baum, aber als ein besonders guter Ruheplatz und Schreibort herausgestellt hat, bleiben wir noch einen Moment in seiner wohltuenden Nähe, wo es immer noch so herrlich nach dem leuchtenden Herbst duftet, nach würziger Luft, nach Pilzen und Erde. Und wo uns jetzt, da wir an dem moosigen Stamm angelehnt sitzen und schreiben, was uns aus Hand und »Feder« fließt, das Wundervolle passiert.

Schreibend sind wir in Kontakt mit unserem tieferen Selbst. Schreibend erleben wir, wie unsere Energien zu fließen beginnen. Wie wir eine unsichtbare Grenze überschreiten und eintauchen in unser tiefes Wissen, unser tiefes Sein. Und auf einmal spüren wir Kraft in uns wachsen, und eine unbeschreibliche Freude bemächtigt sich unser. Eine beinah kindliche, ganz und gar ursprüngliche Daseinsfreude. Ein Art Glückszustand.

Papier ist Papier
aber es ist auch
ein Weg
zu den Sternen ...
zu Sinnbild und Sinn
blinden Geheimnissen
und
zu den Menschen.[9]
ROSE AUSLÄNDER

Und mit dieser Freude im Herzen sitzen wir nun zu Füßen unseres Baumes und sind mit Leib und Seele in Harmonie mit uns und mit ihm und eigentlich mit der ganzen Schöpfung. Wir sind Liebe. Nichts als Liebe. Und in dieser grenzenlosen Liebe auch in Harmonie mit unserem Körper.

In Harmonie mit unserem Körper ... – klingt irgendwie selbstverständlich. Ist es aber leider nicht. Eine Menge traurige Statistiken beweisen das. Für einen Großteil der Frauen ist das Ja zum eigenen Körper eher ein Nein. Warum ist das so? Nun, vielleicht weil unser Körper, im Gegensatz zu dem blütenweißen, jungfräulichen Papier in unserem Schoß, kein unbeschriebenes Blatt ist. Weil sich jede Menge Leben in ihn eingeschrieben hat. Ob wir es wollen oder nicht. Wir sind Gezeichnete.

Der Blick in den Spiegel

Als Frau, die leidenschaftlich gern mit Worten umgeht, denke ich bei dem Begriff »Schönheit« sogleich an Verse. An schöne Verse. August Graf von Platen zum Beispiel:

> *Wer die Schönheit angeschaut mit Augen ...*
> *Ach, er möchte wie ein Quell versiechen ...*[10],

oder an Friedrich Schillers Gedicht »Nänie«: »Auch das Schöne muss sterben, das Menschen und Götter bezwingt.«

Als Frau allerdings, die jenseits aller schönen Worte im schlichten Alltag bestehen muss, fällt mir beim Begriff »Schönheit« als Erstes mein Badezimmerspiegel ein. Und die unzähligen kritischen und vorwurfsvollen Blicke, die ich im Laufe der Jahre hineingeworfen habe.

»Spieglein, Spieglein an der Wand, wer ist die Schönste im ganzen Land?« – So und nicht anders heißt die wohl berühmteste Spiegelszene in der Literatur. Was die Königin im Grimm'schen Märchen »Schneewittchen« dazu treibt, diese Frage wieder und immer wieder zu stellen, kennt wohl jede Frau. Selbstzweifel. Das ungute Gefühl, die tiefsitzende Unsicherheit, nicht attraktiv genug zu sein.

Schönheit ist ein gefragtes Gut. Leben wir doch in einer Zeit auffälligen Körperkultes. Von Vergänglichkeit, vom Verwelken, will die Schönheitsindustrie unserer Tage nichts hören. Ganz im Gegenteil. Das ewig Blühende ist gefragt, Schönheit in Permanenz, Perfektion, Makellosigkeit.

Frauen wie meine Großmutter, die früh bereits alt waren, gibt es heute nicht mehr. Dafür jede Menge jung gebliebene Alte. Schauspielerinnen zu Beispiel, die uns verraten, wie sie es geschafft haben, selbst im fortgeschrittenen Alter immer noch so sexy und so attraktiv auszusehen. Ihre Tipps in Buchform sind Kassenschlager.

Frauen und Schönheit – eine unendliche Geschichte. Nicht immer eine schöne Geschichte.

Wenn ich in meine Kindheit im Rheinland zurückblicke, fällt mir auf, dass sich mein Bruder an Karneval gern in den unterschiedlichsten Kostümen ausprobierte. Ich dagegen ging Jahr für Jahr als Prinzessin, schwebte in prächtigen Kleidern mit glitzernden Schleiern und Schleppen daher. Einmal bekam ich an Rosenmontag von einer Nachbarin zwei Mark geschenkt. Weil ich so hübsch aussehen würde, wie sie sagte. Mein Bruder, der als »Zorro« die Peitsche schwang und kein Geld bekam, fand das ungerecht.

Ich nicht. Wahrscheinlich, weil ich damals schon gespürt habe, dass hübsch sein im Gegensatz zu abenteuerlich sein anstrengend ist. Denn meine Schuhe hatten kleine Absätze, auf die ich ständig achtgeben musste, und auch meine schlabbernde Schleppe wollte andauernd beachtet werden.

Immer schon unterliegen Frauen herrschenden Schönheitsidealen. Ideale, die ein Verfallsdatum haben, heißt doch Schönheit zu jeder Zeit etwas anderes. In den 20er-Jahren des vergangenen Jahrhunderts zum Beispiel galt der knabenhaft schlanke Frauenkörper als schön, man wollte die »Garçonne«, eine Art weiblichen Jungen.

In den 50er-Jahren dagegen war mehr Sinnlichkeit gefragt, weiche, üppige Formen galten als schön.

In den 60er-Jahren dagegen bedeutete schön vor allem schlank. Der Trend zur großen Magerkeit zeichnete sich ab, alles Mollige oder Pummelige war zutiefst verpönt. »Twiggi« war nicht nur der Name eines blonden, flachbrüstigen Modegeschöpfes, sondern auch Symbol eines traurigen Glücksversprechens, das zu lauten schien: Je weniger ich wiege, desto mehr bin ich wert.

»Nichts fällt mir wohl schwerer im Leben«, so die Dichterin Sylvia Plath, »als zu akzeptieren, dass ich nicht auf irgendeine Weise ›vollkommen bin‹.« Natürlich wissen wir alle, wenn wir uns morgens im

Spiegel betrachten, dass es Unsinn ist, uns ein Schönheitsideal diktieren zu lassen. Auch wissen wir, dass bei der Schönheit, nach der wir Ausschau halten, ganz wesentlich unsere Persönlichkeit zählen sollte und nicht allein die Summe unserer Äußerlichkeiten. Dass Erfahrung, Lebensklugheit und Charme uns attraktiv machen, auch die Gelassenheit und die Selbstsicherheit, die wir uns im Laufe der Zeit erworben haben. Wie gesagt, wir wissen das alles.

Trotzdem ertappen wir unseren Blick dabei, dass er unerbittlich unser Äußeres prüft und auf innere Werte keinerlei Rücksicht nimmt. Vielleicht, weil ein anderer Blick sich in ihn hineingeschlichen hat, ein vergleichender, für den Vollkommenheit durchaus ein wichtiges, wenn nicht gar das wichtigste Thema überhaupt ist.

In Hans Christian Andersens Märchen von der »Schneekönigin« besitzt der Teufel einen Spiegel, zu dessen garstigen Eigenschaften es gehört, »alles Gute und Schöne, Edle und Vortreffliche, das sich darin spiegelte, in Nichts zusammenschrumpfen zu lassen, während das, was nichts taugte, das Schlechte, Böse und Unschöne, darin besonders hervortrat und sich noch vergrößerte«.

Manchmal beschleicht mich das Gefühl, dass uns die Werbung, diese schillernde Scheinwelt, die uns ständig und beinah allüberall umgibt, solch einen »teuflischen« Spiegel vorhält. Eine Art Zerrspiegel, in dem wir uns niemals schön finden, weil wir uns permanent vergleichen.

Wir sind lange nicht so unabhängig vom Einfluss der Werbung, wie wir es gemeinhin denken und uns wünschen. Ein kleines, banales Beispiel:

Ich bin einmal zu einem Vortrag nach Düsseldorf gefahren und hatte es recht eilig an diesem Tag, achtete auf den Straßenverkehr, auf den richtigen Weg, auf sonst nichts. Dachte ich zumindest. Auf dem Nachhauseweg verspürte ich plötzlich einen erstaunlichen, einen geradezu unbändigen Appetit auf Pudding. Und irgendwann hielt ich tatsächlich an einer Raststätte an und aß einen Pudding. Verwunderlich eigentlich, weil ich so gut wie nie Pudding esse.

Als ich eine Woche später zu einem zweiten Vortrag nach Düsseldorf fuhr, diesmal mit etwas mehr Muße, fielen mir auf meinem Weg durch die Innenstadt Plakate ins Auge. Plakate, von denen mich riesengroße, appetitlich glänzende Schokoladen- und Vanillepuddings von Dr. Oetker anlächelten. Obwohl ich sie bei meinem ersten Besuch nicht bewusst wahrgenommen hatte, waren die Bilder offensichtlich in mein Unbewusstes gesickert und hatten dort gearbeitet.

Werbung wirkt. Ob wir es wollen oder nicht. Und sie signalisiert uns Frauen, wie wir auszusehen, wie wir schön zu sein haben. Und das heißt heutzutage vor allem: jung und schlank. Gertenschlank.

In einer Kontaktanzeige las ich einmal den Wunsch eines älteren Herren, eine bedeutend jüngere Dame kennenzulernen, was ja nichts Verwerfliches ist, die aber, und das fand ich in der Tat beachtenswert, »Kleidergröße 36« und einen »gesunden Appetit« haben sollte.

Dieser Wunsch beschreibt auf schlichte Weise den Auftrag, der heute vielfach an uns Frauen ergeht. Ein Auftrag, den auch die sogenannten »Frauen-Zeitschriften« formulieren, Hochglanzblätter, die im ersten Teil verraten, was wir tun müssen, um schlank, körperlich fit und modisch auf der Höhe zu sein. Im zweiten Teil dagegen verraten, welche raffinierten Suppen und Torten, Nach- und Vorspeisen wir passend zur jeweiligen Jahreszeit, zum jeweiligen Fest, unseren Lieben auf den Tisch zaubern sollen. Nun gibt es dabei ein kleines, aber übergewichtiges Problem. Wie sollen wir eine so gute Figur abgeben wie auf den ersten Heftseiten demonstriert, wenn wir alle diese Köstlichkeiten im Kreise unserer Lieben genüsslich und mit Lust mitschlemmen. Kleidergröße 36 bei gesundem Appetit? Ein Widerspruch in sich.

Von Virginia Woolf stammt der schöne Satz: »Man kann weder gut denken noch gut lieben, noch gut schlafen, wenn man nicht gut gegessen hat.«

Nun gibt es eine Menge Frauen, die sich, um dem Schönheitsideal unserer Tage zu entsprechen, Reduktion auf die Fahnen geschrieben haben. Angefeuert und unterstützt von einem übersatten Markt, der aus der gezüchteten Gier nach Schlankheit reichlich Kapital zieht. Der immer neue Diäten aus dem Hut zaubert und sie wie hochkarätige Aktien in Umlauf bringt.

Nicht selten verschwenden wir wertvolle Energien mit ständigen Diäten. Und oft verlieren wir mit den Pfunden auch das gesunde Verhältnis zu unserem Körper, das ausgewogene Verhältnis zum Essen. Ein gefährlicher Prozess, der in Krankheit enden kann, schlimmstenfalls sogar in Suchtverhalten.

Sucht aber hat mit Suche zu tun, mit der Suche nach Leben. Und Leben ist Lebendigkeit, ist Fluss, ist Bewegung, ist Selbstliebe, ist Akzeptanz.

Der Versuch, unser Spiegelbild mit Gewalt in ein Idealmaß pressen zu wollen, ist das Gegenteil, ist Feindseligkeit und Erstarrung. Abschied nehmen von einem überschlanken Schönheitsideal heißt demnach Frieden schließen mit dem eigenen Körper. Heißt, ihn im Spiegel wohlwollend betrachten, ihn nicht allein auf Äußerlichkeiten reduzieren, ihn vielmehr in seiner Ganzheit wahrnehmen, in seiner Großartigkeit. Denn jeder Körper ist großartig und wertvoll und hat es verdient, dass wir ihn so annehmen, wie er nun einmal ist, dass wir ihn durch dünn und dick lieben.

Mitunter habe ich das Bedürfnis, diesen perfekten und überwiegend jugendlichen Frauenkörpern, die uns ohne Unterlass von den Medien präsentiert werden, etwas entgegenzusetzen. Etwas ganz und gar Urwüchsiges, etwas Archaisches, etwas, das so ursprünglich ist wie unser Baum. Da ich eine große Affinität zur Kunst habe, habe ich mir als Kontrapunkt zu den heutigen Idealbildern von Weiblichkeit eines der ältesten Kunstwerke der Menschheitsgeschichte ausgewählt. Eine Venusstatuette aus der Altsteinzeit, eine Kalkstein-Schöne, gerade mal zehn Zentimeter groß, stattliche 2,5 Millionen Jahre alt. Sie trägt den klingenden Namen: Venus von Willendorf, und sie würde heutzutage garantiert keinen Schönheitswettbewerb gewinnen.

Ich erinnere mich noch gut an unsere erste Begegnung. Ich war Schülerin in einer Klasse pubertierender, ständig kichernder Mädchen. Die Venus von Willendorf erschien auf einer Dia-Leinwand im Erdkunde-Unterricht und entfachte einen Sturm der Entrüstung. Alles kreischte und schrie durcheinander, entsetzt, wie eine Frau nur so fett sein kann. Auf mich, die ich natürlich mit geschrien habe, hat sie dennoch einen bleibenden Eindruck gemacht. Denn sie ist Weiblichkeit pur. Riesige Brüste und ein genauso riesiger hängender Bauch. Ein Urgestein von Weiblichkeit, wahrscheinlich ein Fruchtbarkeitssymbol, wie die Wissenschaftler annehmen.

Als Nachbildung steht sie in meinem Arbeitszimmer. Und es tut mir gut, sie immer einmal wieder anzuschauen und in die Hand zu nehmen. Denn für mich sie ist die personifizierte Erinnerung und Ermunterung, dass mein Körper nicht irgendein auf schön getrimmtes Gehäuse, vielmehr lebendiges Gefäß meiner Seele ist. Eine Art Lebensinstrument, auf dem ich mit Freude meine ureigene Melodie anstimme. Ein Instrument, das gespielt sein will, erklingen und nicht allein schön sein will.

Das Schlüsselwort heißt »Liebe«. Liebe und Selbstannahme. Gerade für Frauen, die notorisch unzufrieden mit ihrem äußeren Erscheinungsbild sind, ein wichtiges Thema. Manchmal müssen wir diese Wertschätzung und Akzeptanz regelrecht lernen. Wie gesagt, das Schlüsselwort heißt Liebe. Mir selbst am Tisch des Lebens eine wohlwollende, weitherzige, großzügige und liebevolle Gastgeberin sein.

Wie soll ich mit meiner Bauch-Stimme in Kontakt kommen, wenn ich meinen Bauch ablehne, weil er zu dick, zu dünn, zu schlaff, zu vernarbt ... zu alt ist.

Gerade das Alter, laut Werbung der Schönheitskiller schlechthin, scheint für viele Frauen ein Problem zu sein. Die Entwicklung, Alter abzulehnen, weil es Schönheit vernichtet, stimmt nachdenklich. Alter wird so zu einem Feind stilisiert, der gnadenlos bekämpft werden muss. Ein Kampf gegen Windmühlen. Lauert das Alter doch – wie bei der Königin im

Märchen – in der Tiefe eines jeden Spiegels. Dort, wo auch in heutiger Zeit eine Stimme darauf zu bestehen scheint, dass die Schönste im Land auf jeden Fall die Jüngere ist.

Leben aber heißt nun einmal älter werden. Und älter werden heißt Abschied nehmen. Von Möglichkeiten. Von Perspektiven. Von Spiegelbildern, die es nicht mehr gibt, die es nie mehr geben wird. Kein schmerzloser Prozess. Kein angstloser. »Altern ist kein Job für Feiglinge«, sagt die Schauspielerin Bette Davis. Altern heißt Mut entwickeln, heißt furchtlos, aber nicht faltenlos sein. Wir sollten uns nicht schämen, wenn uns das Leben die verflossenen Jahre ins Gesicht geschrieben hat. Leben bedeutet, Höhen und Tiefen zu durchwandern, Geschehenes anzunehmen und sich damit auszusöhnen. Auch mit größtem Leid, mit all den Verletzungen, die wir uns selbst oder die andere uns zugefügt haben. Solcherart Entwicklung ist ein lebendiger Prozess, der in der Tiefe und nie an der Oberfläche stattfindet. Ein Prozess, der Kraft freisetzt. Wurzelkraft, die uns auf eine ganz eigene und besondere Art und Weise schön macht.

Für mich ist Schönheit die Vollkommenheit eines in sich ruhenden Menschen. Eines Menschen, der zu seinen Ecken und Kanten, seinen Stärken und Schwächen steht, sich fürs Leben begeistert und selbst in düsteren Tagen einen unerschütterlichen Glauben an das Gute ausstrahlt. Für mich ist Schönheit die Fülle des Lebens, die Freude daran, ist Selbstverwirklichung, ständige Spurensuche, Neugier und Zufriedenheit.

Wenn eine korpulente Frau sich anmutig bewegt, so ist das schön. Wenn eine uralte Frau aus faltigem Gesicht heraus die Welt mit den Augen anlacht, so ist das auch schön.

Schönheit ist für mich nicht das Tadellose, das Ebenmäßige, das Genormte und Festgesetzte. Schönheit ist das Individuelle. Der Wildwuchs. Das eingeschriebene Leben.

Jede Frau ist ein Original. Ein Unikat. In dem Moment aber, wo sie verzweifelt versucht, durch Nachahmung eines Ideals eine angeblich schönere zu sein, macht sie sich zur Kopie. Und eine Kopie, das versteht sich von selbst, ist nie so schön und nie so wertvoll wie das Original.

Wir sind auf Unterschiedlichkeit, auf Einzigartigkeit angelegt. Allein diese Vielfalt macht das Leben spannend und lebendig. Jede von uns hat neben ihrem besonderen Aussehen ihre ganz besonderen Gaben und Talente mit auf den Weg bekommen. Diese Gaben und Talente in Form ureigener Kreativität zu kultivieren und auszuleben, scheint mir der beste Schönmacher zu sein.

Jede Frau kennt das Phänomen, dass sie schön wird, wenn es ihr so recht von Herzen gutgeht. Wenn sie etwas geschafft hat, was ihr wichtig ist, sie sich mit Leib und Seele für eine Idee engagiert oder wenn sie verliebt ist. Wenn sie im Gleichklang mit sich und aus sich heraus lebt. Eine solche mit Liebe gesegnete Frau wirkt unwiderstehlich, strahlt sie doch ihren inneren Reichtum mit ganzer Kraft nach außen. Diese Verkörperung, diese Ausstrahlung, dieses Lachen ihrer Seele ist das Geheimnis von Schönheit.

Wer sie sehen will im Spiegel, wird sie finden.

Der Bote

Er kam um die Mittagszeit. Und obwohl er von erstaunlicher Größe war, blieb er lange Zeit unbemerkt. Auch sie hatte seinetwegen nicht aufgeschaut. Die Hitze jenes Tages verbot jede überflüssige Bewegung. Sie brütete über der Stadt wie eine fette aufgeplusterte Henne und hatte alles Leben unter sich einschlafen lassen.

Sie saß in dem kleinen Café am Marktplatz. Saß in einem Korbstuhl, ließ den Milchkaffee achtlos auf dem Tisch stehen und döste mit geschlossenen Augen in der Sonne. Am Nebentisch redete noch jemand. Ganz leise zwar, aber immerhin. Dann schwieg auch er.

Stille. Nichts als Stille.

Keine Schritte auf den Pflastersteinen, kein Kindergeschrei vom Brunnen herüber, keine Fahrradklingel. Noch nicht einmal das Bellen eines Hundes. Die Welt lag im Tiefschlaf.

In diese heiße drückende Stille hinein erschien er. Lautlos wie ein Lichtstrahl, unsagbar anmutig und von bezaubernder Schönheit.

Sie hatte die Augen geöffnet, weil jemand gelacht hatte. Und tatsächlich. Da war er. Nicht zu übersehen. Gemächlich schwebte er durch das Blau des Himmels, die Ruhe selbst, als sei er auf der Durchreise und doch auch schon am Ziel, weil im Augenblick zu Hause.

Er berührte sie, ohne ihr nah zu kommen, weckte in ihr jene Freude, die einen mitunter ganz unvermittelt ergreift und dabei so wunderbar weit und selig macht, dass man jubilieren und die Welt umarmen möchte.

Er war ein Bote. Kein Zweifel. Ein himmlischer Bote mit Flügeln und kleinen dicken Füßchen, die fröhlich hinter ihm her flogen. Ein Wolkenengel. Von höchster Stelle geschickt, um ihr an diesem sonnendurchglühten Sommertag zu verkünden, dass sie, so wie sie ist, schön und einmalig ist.

Und genau das tat er. Und zauberte damit ein Lächeln in ihr Gesicht.

Die Baumfrau

Kehren wir unter unseren Baum zurück. Dorthin also, wo wir es mittlerweile schaffen, für Augenblicke tief verwurzelt in uns selbst zu sein. Wo wir in Einklang mit unserem Körper sind, weil er für uns kein Gegenstand ist, der in erster Linie schön sein soll, weil er vielmehr lebendigstes Leben ist. Und Leben heißt nun einmal Wandlung, heißt Veränderung. Und genau das akzeptieren wir und nehmen unseren Körper mit allen Blessuren und allen Zeichen der mehr oder weniger fortgeschrittenen Alterung an. Diese Annahme ist Kraft pur, und sie lässt unsere Persönlichkeit wachsen. Immer ein Stückchen mehr.

Lassen wir eine Sache nicht unerwähnt.

Natürlich birgt jeder Rückzug in die Innerlichkeit die Gefahr, dass ich in meiner Tiefe etwas entdecke, was mir Angst macht. Geister der Vergangenheit zum Beispiel, die unvermittelt auftauchen. Längst Gewesenes, das immer noch lebendig ist. Nicht verheilte Wunden, Zerrissenes, Unversöhntes, nicht gelebte Träume.

Unser Baum ist ein guter Ort, auch diese Wunden in aller Vorsicht anzuschauen.

Manchmal haben Bäume ähnliche Wunden wie wir Menschen. Geschwüre, die mächtig am Stamm sitzen, den Baum aber nicht daran gehindert haben, hoch und quasi über sich hinaus zu wachsen. Tiefe Risse, die lange schon vernarbt sind. Frische Schnitte, mühsam mit Harz verklebt. Manchmal sind es auch Schmarotzer, die dem Baum das Leben schwer machen. Efeu, der ihm die Luft zum Atmen nimmt. Moose und Misteln, die an ihm kleben und wertvolle Lebenskraft rauben. Oder er ist gebeugt, als wäre die Last des Lebens zu schwer geworden für ihn, als hätte das Schicksal ihn im Laufe der Zeit in die Knie gezwungen. Hat Altersrunzeln, schorfige, schrundige, schuppige Haut.

Mich erinnern die Stämme der Bäume oft an Gedichtworte von Rose Ausländer:

Meine Haut
tätowiert
mit verworrenen Zeichen ...[11]

Heile Haut finden wir bei älteren Bäumen nur selten. Wie in unserer eigenen Haut auch, hat die Zeit ihre Spuren in der Rinde hinterlassen. Die Umhüllung ist gleichsam Gedächtnis geworden, bewahrt Erinnerung in jeder Faser.

Ich kannte einen Baum, der vom Blitz getroffen war, regelrecht auseinandergerissen, und der ganz langsam, Jahr für Jahr, seine zerstörte Seite, fast hätte ich gesagt seine zerstörte Seele, wieder aufgebaut hat.

Mir war dieser Baum immer ein großer Trost. Weil er mir gezeigt hat, dass Heilung auch bei schlimmsten Verletzungen möglich ist. Dass innere Zerrissenheit kein »ewiges« Schicksal bleiben muss.

Also, im Schutz unseres Baumes die Augen vor der eigenen Vergangenheit nicht verschließen. Nachspüren, was uns einst unter die Haut gegangen ist, wo wir uns am Leben wundgestoßen haben. Spüren, wo die Seele von uns verlangt, dass wir uns im Nachhinein noch um sie kümmern.

Dabei nicht wie ein Maulwurf graben, nicht unentwegt im Gestern herumwühlen, Schmerzen von damals nicht endlos wiederkäuen. Aber Gewesenes, das sich zu Wort meldet, auch nicht verdrängen, sondern hingucken. Denn was wir verdrängen, kommt zurück. Immer wieder. Wie ein hungriges Tier, das Nahrung verlangt.

Nur in der Begegnung, in der Auseinandersetzung mit dem Gewesenen, so schmerzlich und beklemmend diese Begegnung auch ist, findet Heilung statt. Ansonsten wird Vergangenes zum »Totengräber des Gegenwärtigen«, wie es der Philosoph Friedrich Nietzsche formuliert.

Und deshalb versuchen, in der heilsamen Nähe unseres Baumes und der Gegenwart Gottes die Tode der Vergangenheit in neues Leben zu verwandeln. — Wie so etwas funktioniert?

Nun, zum Beispiel, indem wir uns hier die Zeit nehmen, die Verletzung von damals anzuschauen. Und auch den Menschen anzuschauen, der sie uns beigebracht hat. Und den Namen des Menschen ruhig einmal laut aussprechen. Und unserem Baum anvertrauen, dass wir diesem anderen jetzt verzeihen wollen.

Und als Zeichen dafür schreiben wir vielleicht einen Brief. Einen grundehrlichen Brief, in den wir alle Wut, alle Trauer, alle Enttäuschung hineinfließen lassen. Alles aufschreiben, alles in Worte bringen. Und wenn wir den Brief fertig geschrieben haben, dem Baum vorlesen, ihn als Vermittler benutzen, um es damit Gott zu übergeben, im Vertrauen darauf, dass er es für uns trägt. Und dann, irgendwo, wo wir ungestört und wo es gefahrenlos möglich ist, verbrennen wir dieses so persönliche Schreiben. Und gucken zu, wie sich die Gefühle von damals auflösen, in Asche verwandeln. Wie durch diese Verwandlung Platz für Neues entsteht.

Solcherart Feuerzauber klingt vielleicht ein wenig nach Hokuspokus. Aber ich kann aus Erfahrung sagen, dass dieses Ritual mich niemals unberührt lässt, wenn ich sehe, wie sich meine Wut und meine Trauer und meine Enttäuschung von damals vor meinen Augen buchstäblich in Luft auflösen. Und aus dem durchlittenen Schmerz so etwas Wertvolles entsteht wie ein möglicher Neuanfang. Einfach ausprobieren. Schließlich haben wir nichts zu verlieren, können nur gewinnen.

Eine junge Frau erzählte mir neulich nach einem Vortrag, den ich gehalten habe, dass sie trotz jahrelanger Psychotherapie ihrem toten Großvater gegenüber, der ihre kindliche Seele »unheilbar verwundet« hatte, wie sie es ausdrückte, immer noch eine grenzenlose Wut empfand. Irgendwann hatte sie angefangen, ihm Briefe zu schreiben. Schonungslos ehrliche Worte, die sie anschließend dem Feuer übergab. Die Asche dieser Briefe trug sie jedes Mal zum Friedhof, um sie dort, was ihr sehr wichtig war, mit der Erde seines Grabes zu vermischen.

Im Frühling hatte sie angefangen, diese Briefe zu schreiben. Ende des Sommers hatte sie, wie sie sagte, wie befreit an jenem Grab gestanden und gewusst, dass kein einziges weiteres Wort mehr nötig war. Durch ihr Tun hatte sie einen wichtigen seelischen Heilungsprozess auf den Weg gebracht.

Natürlich funktioniert Vergebung nicht von heut auf morgen. Das sind Prozesse. Und manchmal bedarf es dazu auch professioneller Hilfe, wenn die Verletzungen der Vergangenheit gar zu tief in unsere Seele eingeschnitten haben. Manchmal aber können wir uns auch selbst helfen, indem wir den Weg der kleinen Schritte gehen.

Unser Baum lebt uns vor, was Geduld ist. Und Geduld ist bekanntermaßen die Kraft der Starken.

Unser Baum lebt uns aber auch vor, was Aufbruchskraft bedeutet. Besonders eindrucksvoll, wie ich finde, wenn er aus seinem uralten, verknöcherten Stamm ganz plötzlich einen zartgrünen neuen Trieb wachsen lässt. Denn ein Baum hat Hoffnung, auch wenn er abgehauen ist; er kann wieder ausschlagen, und seine Schösslinge bleiben nicht aus – so heißt es schon in der Bibel im Buch Ijob (Kapitel 14, Vers 7). Für mich ist dieses unermüdliche Wachstum stets ein Symbol der Hoffnung, dass auch in unserem alten, »verholzten« Denken immer noch wieder neues wachsen kann. Dass zum Beispiel auch dort Vergebung und Verzeihen in unserem Leben möglich ist, wo wir es schon lange nicht mehr geglaubt haben. Dass wir Meinungen ändern können, die in unseren Köpfen über Jahre, Jahrzehnte hinweg fest zementiert waren.

Besonders im Frühling lebt der Baum uns vor, was es heißt, Erstarrung in Lebendigkeit zu verwandeln. Und wir, die wir dabei sind, den »Geist der Schwere« (Friedrich Nietzsche) endgültig abzuschütteln, um leichtfüßiger durchs Leben zu gehen, dürfen uns von seiner Kraft anstecken und begeistern lassen. Dürfen wie er zu neuem Leben erwachen, Aufbrüche wagen.

Neuanfänge. Unser eigenes Frühlingserwachen feiern. Nicht umsonst feiern Christen in dieser Jahreszeit das Auferstehungsfest.

Der Erwecker

Lächelnd kommt er daher. Ein gutgelaunter Tänzer ist er. Ein fröhlich Schwereloser auf Freiersfüßen. In einem fort summt er sein blaues Lied und flüstert sein göttliches Versprechen vom Neuanfang in noch jedes Ohr. Frühling. Diese übergroße Freude der Natur. Unter seinem Atem erwacht sie, die Schöpfung, öffnet die Augen, reckt und streckt die noch winterlich starren Glieder. Grün und wohlwollend blinzelt sie dem Licht entgegen, das sich so zärtlich um Zweige und Knospen legt und alles zu verwandeln scheint. Schneeglöckchen durchbrechen den gefrorenen Boden, blicken unerschrocken umher und feuern fröstelnde Krokusse an, gefälligst die Kelche zu öffnen.

»Blütengeflüster«, brummeln erste Hummeln und feiern ihr eigenes Frühlingserwachen, stürmen und drängen den neugeborenen Farben entgegen. Immer mehr Blüten entfalten bunt ihre Gesichter, grüßen einander und wenden sich der Sonne zu. Aufbruchsstimmung, tausendfach grün. Bäume plustern sich auf, Sträucher und Hecken. Und mit einem Mal gibt es kein Halten mehr. Keimendes, kommendes Leben allüberall. Fülle. Eine Art festliche Freude.

Wer kann, verströmt süßes, liebliches Aroma. Balsam, der die Luft umarmt, sich in sie schmiegt und sie samtig und seidig macht. Auferstehung, tönt es leise. Und schon strebt alles in die Höhe, ruhelos, atemlos, schlängelt sich, dehnt sich, drängt und sehnt sich dem Himmel entgegen. Tänzerische Unbeschwertheit in jedem Halm, in jedem Blatt. Die Schöpfung jubiliert. Feiert ihren duftenden Herzschlag mit göttlicher Freude. Und wir feiern mit. Dankbar für den Neuanfang.

Der Lebensbaum

Verwurzelt
im Dunkel der Erde
dem Licht des Himmels
entgegengestreckt
Leben
heißt aufnehmen und abgeben
heißt wachsen
bis zum Schluss

Eine Freundin von mir, die wegen eines Hexenschusses zum Orthopäden gegangen war, bekam nicht nur eine Spritze, sondern auch den Ratschlag mit auf den schmerzenden Weg: »Denken Sie über Ihr Leben nach.«

So empört wie sie war, gehorchte sie doch und tat, da ihr Rücken sie eh zur Tatenlosigkeit verdammte, was der Arzt ihr geraten hatte. Und da sie am besten nachdenken konnte, wenn ihre Hände mit irgendetwas beschäftigt waren, fing sie an, mit den Wachsstiften ihrer Kinder, die samt Block auf dem Wohnzimmertisch herumlagen, zu malen. Als ihr Mann am Abend wissen wollte, was das viele Rot in den Bildern zu bedeuten habe, sagte sie spontan: »Das ist Wut.«

»Wem die Wut fehlt«, sagt Aristoteles, »dem fehlt die Selbstachtung.« Ein Satz, über den es sich nachzudenken lohnt. Natürlich gehört Wut, gehört Zorn, gehören verletzte Gefühle zu unser aller Leben, zu unser aller Beziehungen dazu. Das ist normal und bis zu einem gewissen Grade auch gesund. Ab und zu aus der Haut fahren, beherzt auf den Tisch hauen und laut und deutlich sagen:

»Nein!«

»Bis hierher und keinen Schritt weiter!«

»So nicht! Nicht mit mir!«,

alles das kann wunderbar förderlich für unser Seelenheil sein. Denn nicht das Ausgesprochene macht uns krank, eher das Unausgesprochene, die heruntergeschluckten Worte.

Neulich erzählte mir eine ältere Seminarteilnehmerin eine wunderbare Episode aus dem bewegten Eheleben ihrer Urgroßeltern. Eine kleine Geschichte voll großartiger weiblicher Intuition:

Während eines handfesten Streits, bei dem so richtig die Fetzen flogen, hatte der Urgroßvater, dem plötzlich die Worte und die Argumente ausgegangen waren, die Tasse mit der Aufschrift »Hausherr« gegriffen und sie wütend zum Fenster hinausgeworfen. Woraufhin die Urgroßmutter das Gegenstück mit der

Aufschrift »Hausfrau« nahm und kurzerhand hinterherfeuerte, begleitet von den Worten: »Wo der Hausherr ist, da will auch die Hausfrau sein.«

Von solch gesunder Wut, die sich ab und zu wie ein Gewitter entladen muss, reden wir jetzt nicht. Wir reden von diesen seltsam verkapselten Gefühlen, die wir oft ohne unser Wissen mit uns herumtragen, herumschleppen und die an irgendeiner Stelle in unserem Leben ganz plötzlich und mächtig aufbrechen. Gefühle, die manchmal wie aus dem Nichts auftauchen, wie eine riesige, schwarze Welle in uns aufsteigen und uns in ihrer Vehemenz krank machen können.

Sich wie meine malende Freundin auf die Suche zu machen, wo diese Gefühle herkommen, kann durchaus befreiend sein. Sie erkannte in einem ausgiebigen, in die Tiefe gehenden Gespräch mit ihrem Mann, dass es sich bei ihrer feuerroten Wut in den Bildern offenbar um eine alte, eine verschleppte Wut aus Kindertagen handelte, die durch eine aktuelle Kränkung, eine unglückliche Formulierung einer Arbeitskollegin, wieder aufgeflammt war.

Sigmund Freud, der große Psychoanalytiker und Menschenkenner, sprach völlig zu Recht von einer »talking cure«, einer Redekur. Sprache kann ein wunderbares Werkzeug sein, um ans Licht zu holen, was uns krank macht. Deshalb ist es mitunter so wichtig, gerade wenn wir uns selbst auf die Spur kommen wollen, einfach nur reden zu können. Ein Gegenüber mit wohlwollenden, weit geöffneten Ohren zu haben. Jemand, der weder Kritik übt noch gute Ratschläge erteilt, sondern einfach nur zuhört und bedächtig Antworten gibt. Ein Gegenüber, das uns liebevoll zugeneigt ist.

Kaum genesen von ihrem Hexenschuss, bemühte sich meine Freundin, nach einem klärenden Gespräch mit ihrer Kollegin, an der richtigen Stelle, dort also, wo die eigentliche, die alte Wut hingehörte, Möglichkeiten des Loslassens zu finden. Und so begann sie, einen symbolischen Weg des Verzeihens zu gehen.

Es half ihr, Blumen auf das Grab jener Lehrerin zu stellen, die sie als Kind zutiefst verletzt hatte. Mit jedem Blumenstrauß, so erzählte sie mir, habe sie der Frau ein Stückchen mehr verzeihen können. Und irgendwann war das Bedürfnis, ihr Blumen zu bringen, und damit auch der lang gehegte Groll gegen die Frau, gestorben. Stattdessen empfand sie ein tiefes Glücksgefühl, ein Gefühl von Freiheit, dieses Stück Vergangenheit endlich losgeworden zu sein. »An Wunder darf man nicht nur glauben«, hat sie mir damals gesagt, »man muss sie auch wollen.«

Natürlich muss Leben vorwärts gelebt werden, und deshalb dürfen wir uns, wie unser Baum, dem Licht entgegenstrecken. Trotzdem ist der Blick zurück in dunkle Zeiten nicht nur erlaubt, vielmehr unumgänglich, weil heilsam. Denn er lässt mich erkennen, was in meinem Leben verabschiedet sein will.

Auf einer Hauswand las ich einmal im Vorbeigehen den Satz: »Anders war ich einst, anders bin ich jetzt, dennoch allem treu, was ich einst geliebt.«

Diese Worte haben mir so gut gefallen, dass ich sie damals notiert habe und seitdem auf einem Zettel in meiner Brieftasche mit mir herumtrage. Mir selbst treu sein, heißt identifiziert sein mit meinem Weg. Manchmal braucht es Zeit, diesen eigenen Weg zu finden. Aber – und das ist das Beruhigende – die Zeit wartet lange genug auf diejenige, die sie nutzen will.

Gedanken zum Gleichnis der gekrümmten Frau

Als meine Urgroßmutter fast nichts mehr hören und kaum noch sehen konnte, aber immer noch kerzengerade in ihrem Sessel saß, hat sie mir einen Rat mit auf den kindlichen Weg gegeben, den ich bis heute nicht vergessen habe. Ich solle mich bemühen, so hat sie mir gesagt, stets den höchsten Punkt am Himmel anzuvisieren, damit ich aufrecht und mit erhobenem Kopf durchs Leben gehe. Das hoch erhobene Haupt war für sie, die als Dienstmagd auf einem Gutshof gearbeitet und dabei fünf Söhne großgezogen hat, ein wesentliches Zeichen weiblicher Stärke. Sich niemals verbiegen lassen, war ihre Devise.

Oft, wenn ich schon beim Aufwachen den Kopf hängen lasse, weil mir mein Leben, aus welchen Gründen auch immer, wie ein zu schwer gepacktes Paket vorkommt, höre ich sie mit ihrer leisen brüchigen Stimme vom Schicksal der gekrümmten Frau aus dem Lukasevangelium (Lk 13,10–17) erzählen. Ich war vielleicht sechs Jahre alt, als ich die Geschichte aus ihrem frommen Mund zum ersten Mal gehört habe. Gespannt habe ich ihren Worten gelauscht und dabei ihre Hände betrachtet, diese knittrigen, kleinen Hände, die aussahen, als seien sie aus demselben fleckigen Papier wie die in die Jahre gekommene Bibel, die stets griffbereit auf ihrem Tisch lag und die bei jeder Berührung so seltsam knisterte, als wollten sich die Seiten, gleich nach der Lektüre, in Staub auflösen.

Vielleicht liegt mir das Schicksal der gekrümmten Frau so am Herzen, weil sich alle diese kindlichen Erinnerungen im Laufe der Zeit in die Geschichte mit eingeschrieben haben. Vielleicht aber auch, weil diese über zweitausend Jahre alte Geschichte uns Frauen auch heute noch fröhlich ermuntert, aufrecht und selbstbewusst durchs Leben zu gehen, und uns Mut macht, uns in Krisenzeiten, in Zeiten also, die mit Erstarrung und Resignation, Kraftlosigkeit und Erschöpfung einhergehen, in solch »gekrümmten« Zeiten, unbedingt Hilfe zu suchen.

Die österreichische Dichterin Christine Lavant, eine lebenslänglich von Schmerzen und Depressionen gequälte Seele, fragt sich in einem ihrer oftmals anklagenden Gedichte einmal, ob der Himmel sich wohl niederkniet, wenn wir zu schwach sind, um hinaufzukommen.

Das Gleichnis von der gekrümmten Frau zeigt, dass der Himmel genau das tut, dass er uns in Situationen, in denen wir vom Leben lange schon erschöpft sind, freundlich entgegenkommt und uns zärtlich berührt.

Wie alle Gleichnisse erzählt auch dieses Gleichnis in einfacher, bildhafter Weise und mit nur wenigen Worten. Verrät uns, was wir tun dürfen, wenn uns das Aufrichten aus eigener Kraft so gar nicht mehr gelingen will: Wir dürfen uns aufmachen, im doppelten Sinne des Wortes, und der göttlichen Spur in unserem Leben folgen. Dürfen Hilfe und Heilung im Glauben suchen, uns ganz neu in Gott und damit in uns selbst verwurzeln.

Schauen wir uns den Text des Evangelisten Lukas zuerst einmal ein wenig genauer an. Da heißt es: »Dort saß eine Frau, die seit achtzehn Jahren krank war, weil sie von einem Dämon geplagt wurde; ihr Rücken war verkrümmt, und sie konnte nicht mehr aufrecht gehen. Als Jesus sie sah, rief er sie zu sich und sagte: ›Frau, du bist von deinem Leiden erlöst.‹ Und er legte ihr die Hände auf. Im gleichen Augenblick richtete sie sich auf und pries Gott.« (Lk 13,11–13)

Was heißt nun »verkrümmt« sein? – Verkrümmt sein heißt: Nicht heil sein. Heißt gedrückt sein, niedergedrückt, von Trauer, Krankheit oder Sorge. Vielleicht vom unguten Umgang mit uns selbst. Verkrümmt sein heißt, im Durcheinander der viel zu vielen Stimmen, die eigene, die so wichtige innere Stimme, nicht mehr zu hören. Heißt, verzagt sein, ein bedrücktes Herz haben. Trübsinnig, ja vielleicht sogar schwermütig sein.

Schwer-Mut.
Schwere des Gemütes.
Eine Last liegt auf dem Menschen,
die ihn niederdrückt,
dass er in sich zusammensinkt ... [12]
ROMANO GUARDINI

Wohl jede Frau kennt Augenblicke in ihrem Leben, wo sie die Lasten des Alltags einfach nicht mehr zu stemmen weiß. Augenblicke, in denen das Leben gar zu schwer wiegt, seelisches Leid sich in den Körper und körperliches Leid sich in die Seele einschreibt.

In solch einer bedrückend schweren Zeit macht sich die gekrümmte Frau auf den Weg in die Synagoge. Und dort, auf heiligem Boden also, erlebt sie einen Augenblick von ganz besonderer Art.

Zwar ist er kurz, vorübergehend und flüchtig, wie Augenblicke das nun einmal sind, dennoch ist er von ganz eigener, einzigartiger Qualität. Es ist ein Augenblick der Verwandlung. Verwandlung, die geschieht, weil sich die Frau von Jesus anrühren und berühren lässt, anders formuliert, weil sie sich offen und durchlässig zeigt für die göttliche Kraft in ihrem Leben. Was der Frau, die seit immerhin achtzehn Jahren gekrümmt ist, genau widerfährt im Augenblick dieser wundersamen Nähe, steht nicht geschrieben. Muss auch nicht. Fest steht, durch die Berührung mit dem Göttlichen wird sie heil, gesundet an Leib und an Seele. Denn »sogleich«, wie es heißt, richtet sie sich auf. Von einem Augenblick zum anderen also ist sie ein neuer, ein aufrechter und aufrichtiger Mensch. Eine Frau, die sich nicht mehr klein macht, nicht mehr duckt, die sich nicht mehr zurücknimmt. Eine Frau, die ihre eigentliche, von Gott zugedachte Größe erkennt und sich dementsprechend entfaltet, sich den Raum erlaubt, der ihr gebührt.

Analytisch formuliert: Sie ist eine Frau, die sich ihrer selbst bewusst wird. Die erfüllt ist von einem Ja zu ihrer eigenen Person. Ein Ja, das wesentlich ist, um mutig und voller Selbstvertrauen weitere Schritte auf ihrem Lebensweg zu wagen. Ein Ja, das ihr vorher gefehlt hat.

Durch die Berührung des Göttlichen kommt sie in Berührung mit sich selbst. Kommt in Kontakt mit jenem geheimnisvollen Ort, jenem inwendigen Himmelreich tief in ihrem Innern, wo sie heil und kraftvoll ist. Wo sie Liebe ist, ungehemmt fließende Lebensenergie.

So wie die gekrümmte Frau, dürfen auch wir uns von der allgegenwärtigen Liebe Gottes anrühren lassen, uns in kraftlosen Zeiten ganz neu von ihr füllen lassen. Dürfen spüren, dass wir wertvoll sind, eingeschrieben in eines anderen Hand, allesamt Unikate, einzigartig und besonders. Dürfen erkennen, dass wir geliebt und angenommen sind. Und – ganz wichtig! – dass wir uns selbst lieben und annehmen dürfen. Auch und gerade, wenn wir uns klein, gekrümmt, schwach und elend fühlen.

»Unsere größte Gabe ist die Fähigkeit, Entscheidungen treffen zu können«, sagt ein Sprichwort. Unsere gekrümmte Frau hat im Vorfeld der Geschichte eine ganz wesentliche, eine mutige Entscheidung getroffen. Ungeachtet ihres seelischen und körperlichen Zustandes beschließt sie eines Tages, einen Kraftort aufzusuchen. Und so verlässt sie, vielleicht mit letzter Kraft, wer weiß, ihr Haus und macht sich mutterseelenallein auf den Weg in die Synagoge, dorthin also, wo sie sich Heilung erhofft.

So wie ein Baum, der nah am Abgrund steht, seine Wurzeln weit in die Tiefe hinuntersendet, um besseren Halt zu finden, versucht auch die gekrümmte Frau, sich in schwieriger Zeit einen festeren Stand zu verschaffen. Durch die Verwurzelung in Gott.

So wie sie dürfen auch wir uns in schweren und schwierigen Zeiten aufmachen zu Gott. Dabei zählt nicht, wann wir starten. Die Frau im Gleichnis wagt den Aufbruch, »den Sprung«, erst nach achtzehn Jahren. Wichtig allein ist, dass wir uns bewusst für das Göttliche in unserem Leben entscheiden. Anstatt uns mutlos und kraftlos weiterhin durch unseren Alltag zu schleppen, unsere Schritte vielmehr dorthin lenken, wo wir uns von Gottes allgegenwärtiger Liebe anrühren und berühren lassen wollen. Welcher Ort der jeweils richtige ist, weiß jede Frau am besten.

Diese Berührung der besonderen Art geht unter die Haut und damit in die Tiefe. Löst Verkrümmung und Erstarrung auf, schafft Raum für neu erwachende Kraft, für lebendige Wurzelkraft.

In unserem Gleichnis findet die aufgerichtete, an Leib und Seele gesundete Frau sogleich und sofort zu einer neuen Lebendigkeit, einer neuen Kreativität. Denn sie beginnt, Gott zu preisen, wie es im Text heißt. Dieser Lobpreis ist ein doppelter Aufbruch. Hat er doch ganz wesentlich mit der wiedergefundenen Liebe zu Gott, aber auch mit der neuentdeckten Liebe zu sich selbst und zum Leben zu tun. Eine Liebe, die Kraft ist und wesentlich Freude. Daseinsfreude. Eine Liebe, die zu weiteren Schritten auf dem eigenen Weg anspornt. Schritte, jetzt mit hoch erhobenem Kopf gesetzt, den Blick stolz nach vorn gerichtet.

Es ist viel schönes Licht in dieser Welt

»In den Augen aller Menschen«, sagt Ernesto Cardenal, »wohnt eine unstillbare Sehnsucht ... wohnt der gleiche Funke unstillbaren Verlangens, das gleiche heimliche Feuer, der gleiche tiefe Abgrund«, und, das fügen wir hinzu, der gleiche unstillbare Durst nach Glück und Freude.

Nun sind wir leider nicht immer in der glücklichen Lage, diesen Durst nach Freude auch wirklich zu stillen, sitzen vielmehr auf dem Trockenen. Spüren bereits am Morgen, kaum dass wir die Augen geöffnet haben, dass uns die Freude, warum auch immer, über Nacht verlassen hat, wir von düsteren Stimmungen gelenkt und geleitet werden. »Bewölkte« Gemütszustände, die vorübergehend unser Herz verschließen und uns vom Fluss des Lebens und des Lichtes trennen.

»Bist du mies drauf!«, heißt es dann.

Woher sie kommen, diese blinden Passagiere unserer Psyche, wissen wir oft nicht. Fest steht nur, sie sind an Bord. Rauben uns nicht nur die gute Laune, den so wichtigen Schwung für den Tag, rauben uns auch und vor allem die Antriebskraft und ganz wesentlich eben die Freude, jene Kraft, die unserem Leben und unseren Schritten eine so wunderbare Leichtigkeit verleiht, nach der wir deshalb »unstillbar« verlangen.

Freude also. Dieses wohlig warme Gefühl, diese »starke Feder in der ewigen Natur«, wie Friedrich Schiller sie in seiner berühmten »Ode an die Freude« nennt. Ohne ihren »sanften Flügel«, das merken wir schnell, sind wir unempfänglich für die Schönheit der Welt, unempfänglich auch für die ureigene Lebensmelodie, die doch eben noch so wunderbar heiter in uns geklungen hat.

Derart blind und taub, stimmungsmäßig auf einem Tiefpunkt angelangt, ging ich vor einiger Zeit einmal am Rhein spazieren. Den Blick starr und stur aufs glitzernde Wasser gerichtet, überließ ich mich all den freudlosen Gedanken, die mir den ganzen Morgen schon im Kopf herumgeisterten. Wie immer, in diesen miesepetrigen, düsteren Momenten, schien mein Leben mir aus nichts als Niederlagen zu bestehen, die ganze Welt ein Jammertal. Und mit jedem Schritt, den ich tat, wurde die vermeintliche Schwärze um mich herum immer noch eine Nuance schwärzer. Natürlich ließ ich, obwohl es dafür überhaupt keinen Grund gab, die Schultern und den Kopf hängen. Vom stolzen Blick, der den höchsten Punkt am Himmel anvisiert, keine Spur.

Dann passierte Folgendes: Auf einem leuchtend roten Fahrrad kommt mir ein kleiner pummeliger Junge entgegen, mit einem Gesicht prall und pausbackig wie ein barocker Engel oder wie der volle runde Mond am sommerlichen Nachthimmel. Der Junge kommt mir also entgegen, lacht laut und mit offenem Mund, beinah so, als hätte er sich gerade eben etwas überaus Spaßiges erzählt. Und als er mich sieht, schreit er aus Leibeskräften und auf die lebhafteste Art und Weise: »Ich wünsche Ihnen einen guten Tag!« Und dann war er auch schon vorbeigesaust auf seinem blitzenden Fahrrad. Und ich stehe da, schaue ihm hinterher, höre noch den Klang seiner kindlichen Stimme in mir nachhallen, so voller Eifer, Freude und Vitalität, stehe da, schaue ihm immer noch nach, schaue schließlich auf das munter fließende Wasser und muss plötzlich weinen.

Im Märchen passiert es oft und gern, dass Tränen denjenigen, der sie vergießt, verwandeln. Und Hildegard von Bingen, die der Legende nach einen blinden Jungen mit Rheinwasser geheilt hat, weiß, dass Tränen den Menschen erquicken, harte Herzen weich machen und – ganz wichtig – den Heiligen Geist herbeirufen.

Und genau der hat an jenem Morgen wohl ganz wundervoll gewirkt. Was nun genau passiert ist in diesem Moment, dort am Rhein, unter dem heiteren blauen Sommerhimmel, weiß ich auch nicht zu erzählen. Fest steht, es war etwas passiert. Und zwar in mir. Denn rein äußerlich hatte sich durch das Erscheinen des Jungen an meiner Situation an diesem schlechtgelaunten Morgen nichts verändert. Alles war wie zuvor, die spindeldürren Pappeln entlang des Ufers, der sandige Weg unter meinen Füßen, das munter drängende Wasser ...

Und doch, durch die Gegenwart dieses Jungen, seine wenigen Worte an mich, durch diese Begegnung, diesen Lichtblick, diesen göttlich guten Moment, der nicht länger als eine halbe Minute gedauert hatte, war ich wie verwandelt.

Was hatte der Junge gemacht? – Er hatte meine Seele angerührt, mich in Kontakt gebracht mit jener Kraft in meiner Tiefe, die, wie wir schon festgestellt haben, im Kern wesentlich Freude ist, eine ganz und gar ursprüngliche Freude. Eine Daseinsfreude, die ihrem Namen alle Ehre macht, weil sie sich aus purer Lust am Dasein speist. Eine beinah kindliche Freude also, die uns allen ins Herz gelegt ist, die an solchen Tagen aber, warum auch immer, in uns verschüttet, von Unlustgefühlen überlagert ist. Eine Daseinsfreude, die Ingeborg Bachmann in ihrem Gedicht »An die Sonne« in wunderbar einfache, wunderbar helle Worte gebracht hat: »Nichts Schönres unter der Sonne als unter der Sonne zu sein.«

Und genau das war es, was der pausbackige kleine Junge an mich weitergegeben hatte. Diese überschäumende, ganz und gar ursprüngliche Lebensfreude, diesen »Götterfunken«, der uns von einem Moment zum anderen entzünden kann, der uns für die Schönheit des Lebens, für die Schönheit der Welt ganz neu begeistert und »brennen« lässt.

Nur einer kam – im Kleid wie Gras und Sand –
Er trällerte ein rotes Liebeslied,
Nahm, da es Zeit war, lächelnd meine Hand
Und legt' ein kleines Licht hinein und schied.[13]
GERTRUD KOLMAR

So wie dieser von Gertrud Kolmar besungene Tag hatte der Junge auf seinem Fahrrad ein Licht in meine Hand gelegt und mir mit diesem Licht den Weg in meine Tiefe gewiesen, hatte eine Art Freudenfeuer in mir entfacht.

An jenem Morgen, dort am Wasser, wo meine schlechte Laune mit dem Tränenfluss regelrecht fortgeschwemmt wurde, hat sich mir eine schlichte Wahrheit auf geradezu spielerische Weise enthüllt. Unser Leben ist so viel schöner und lichtvoller, als wir es oft wahrnehmen. Gerade dann, wenn uns düstere Stimmungen im Griff haben, sollten wir Augen und Herz möglichst weit öffnen, um reichlich von diesem guten Licht »aufzufangen«. Und nicht den Fehler begehen, das Licht allein im Besonderen, im Außergewöhnlichen zu suchen. Es vielmehr gerade im Alltäglichen, im ganz Kleinen zu entdecken. In all diesen unscheinbaren Dingen, die oft von ergreifender Einfachheit sind und deshalb gern unbeachtet bleiben. Tanzende Schneeflocken an einem kalten Wintertag zum Beispiel, der Duft einer Sommerwiese, das Lachen eines Säuglings, die strahlenden Augen eines alten Menschen, ein freundlich wedelnder Hund, ein Junge auf seinem leuchtend roten Fahrrad ...

Kleinigkeiten, die alles andere als klein sind. Lichtwunder, die uns ganz wunderbar in Kontakt mit uns selbst bringen. Geschenke des Himmels eben.

Meer Licht

Ich hatte mir etwas versprochen von der Begegnung mit dem Meer im November. Was genau es war, konnte ich nicht sagen. Aber es hatte etwas mit Weite zu tun, mit Neuanfang vielleicht. Zu Hause war mein Denken eng geworden. Der Alltag hatte es eingeschnürt, zugeschnürt wie ein Paket. Und ich, die ich dieses Paket in meinem Kopf spazieren führte, kam mir unfrei und seltsam eingesperrt vor.

Der erste Blickkontakt enttäuschte mich. Das Meer sah müde und schlecht gelaunt aus wie ich selbst und lag in seinem riesigen Bett, als hätte es ebenfalls keine Lust, aufzustehen, sich zu waschen und den Tag zu beginnen. Je länger ich es anstarrte, desto mürrischer zog es den Himmel zu sich herab, als wäre er eine filzgraue Decke, unter der es sich für den Rest des Tages verkriechen wollte.

Vergeblich suchte ich nach der Erfahrung grenzenloser Weite. Trotzdem lief ich weiter den Strand entlang. Begleitet nur von den unermüdlich murmelnden Wellen und den Möwen, die zu lachen schienen, dort oben, in der grauen Luft, als ahnten sie bereits, was der Himmel vorhatte.

Es passierte gegen Mittag. Er riss auseinander, platzte auf wie eine überreife Frucht und schüttete Licht in Strömen aus. Einem Teppich gleich legte es sich aufs Wasser, gewebt und geknüpft aus Millionen blitzender Tropfen. Das Meer war zum Leben erwacht. Vor meinen Augen hatte es sich in Licht verwandelt. Kein Grau mehr weit und breit. Nur noch wogende, schäumende Helligkeit bis zum Horizont.

Dieses Licht berührte mich. Und es lockte, köderte meinen Geist hinaus, dorthin, wo über dem glänzenden Wasser auch der Himmel so geheimnisvoll gegenwärtig war.

Licht öffnet neue Räume.

Die Königin in mir

Ich bin Königin
eines verlassenen Landes ...

ROSE AUSLÄNDER (AUS »GEHEIMNIS«)

Vor Jahren einmal habe ich, über einen langen Zeit-
raum hinweg, einen Freund im Gefängnis besucht.
Das Schlimmste an diesem ungemütlichen Ort war
für mich, dass ich keine der Türen allein öffnen durfte, stets warten musste, bis mir von freundlichen Be-
amten aufgeschlossen und aufgemacht wurde. Ich
habe mich derart lautstark darüber aufgeregt, dass
eine Psychologin, die dort in der Justizvollzugsanstalt
beschäftigt war, mir eines Tages den wohlmeinenden
Rat gab, ich solle, anstatt mich über die verschlossenen Türen aufzuregen, mir einfach vorstellen, ich
sei eine Königin, eine Frau also, die von allen Seiten
verwöhnt und bedient wird und nie selbst Hand an-
legen muss.

Was für ein grenzenloser Unsinn, habe ich im ersten Moment gedacht, Psychologengeschwätz. Aber ich
muss zugeben, nachdem ich diesen ungewöhnlichen
Gedanken im Herzen bewegt und schließlich mit ins

Gefängnis hineingenommen hatte, ging es mir im Angesicht der verschlossenen Türen bedeutend besser.

Dem Zufall gefiel es, dass ich in jener Zeit auch im Studium das Thema »Königin« bearbeitete, denn ich schrieb über Richard Wagners irische Königstochter »Isolde« und bereitete für eine mündliche Prüfung das Thema »Märchen« vor. Durch den Ratschlag der Psychologin allerdings interessierte mich auf einmal weniger die Königin in der Literatur als vielmehr die Königin in mir.

Bei einer Umfrage in meinem Bekanntenkreis, was eine Königin wesentlich ausmache, bekam ich damals erstaunlich oft zur Antwort, dass sie die Frau des Königs sei. Befragte Kinder dagegen reagierten ganz anders, sprachen bei dem Wort »Königin« als Erstes von einer goldenen Krone, einem prächtigen Schloss und jeder Menge schöner Kleider. Der Herr Gemahl spielte in ihren Gedanken keine Rolle.

Ich hielt mich an die Kinder. Schließlich wollte ich meine Königin nicht als dekoratives Anhängsel eines anderen sehen. Auch sollte sie keine gekrönte Hausfrau sein, die mit dem Staubsauger durch die Gemächer brummt, in der Kittelschürze am königlichen Herd steht und womöglich Hackfleisch an den Händen hat, wenn's an der Tür schellt.

Die Königin, die ich damals entwarf und die mich bis heute begleitet, ist eine, die sich in erster Linie königlich um sich selbst kümmert. Die alleinige, uneingeschränkte Herrscherin im eigenen Land ist und sich auch in schwierigen Zeiten niemals das Zepter aus der Hand nehmen lässt. Selbst von denen nicht, die es angeblich nur gut mit ihr meinen.

Meine Königin regiert ihr Reich mit viel Fingerspitzengefühl, gebietet all dem, was ihr nicht guttut, sie vielleicht sogar krank macht, zu gehen. Und befiehlt all dem, was ihr Freude bereitet, was ihr Kraft schenkt, einzutreten.

Sie allein entscheidet darüber, wer bei Hof gern gesehener Gast und wer hier unerwünscht ist. Ungenießbare Zeitgenossen verweist sie kurzerhand des Landes, gibt ihnen klar und unmissverständlich zu verstehen, dass sie so, wie sie sich im Moment aufführen, nicht erwünscht sind.

Zudem ist meine Königin, bei aller Hektik im Staat, der in sich ruhende Pol. Lächelnd trägt sie den Schlüssel zur Schatzkammer der eigenen Möglichkeiten fest in Händen.

Die »Königin in mir« – eine Metapher also, ein Bild für jene innere Stimme in uns, jene Bauch-Stimme, die so wichtig ist, wenn unsere Lebenskraft ungehindert fließen soll. Versäumen wir es, dieser Stimme in uns Gehör zu schenken, laufen wir Gefahr, nur einen Bruchteil unserer Möglichkeiten zu entwickeln. Leben sozusagen auf Sparflamme. Ein Zustand, der auf Dauer mehr als unzufrieden macht.

Von Gertrude Stein, jener unangepassten, exzentrischen Königin der Pariser Literaturszene, stammt der Satz: »Die traurigsten aller Worte sind diese: ›sie hätte sein können‹.«

Für mich ist dieser Satz Mahnung und Erinnerung zugleich, nicht ständig und dauernd Aussagen zu formulieren, die so oder so ähnlich beginnen: »Wenn ich nur könnte …«, »wenn ich nur wüsste …«, »wenn ich nur Zeit hätte … – ja, dann würde ich …«

Mit anderen Worten, königlich – nicht konjunktivisch zu leben. Die unsichtbare Krone auf dem hoch erhobenem Haupt tragen und den Schlüssel zur Schatzkammer der eigenen Möglichkeiten fest in Händen halten. Lustvoll neue Selbstentwürfe wagen. Tun, was wir längst und immer schon einmal tun wollten, uns bisher nur noch nicht getraut haben. Aus Angst vor den Reaktionen der anderen, aus Unsicherheit, aus Scham … – Schluss mit der Bescheidenheit! Stattdessen königlich selbstbewusst handeln. Sich auf allen denkbaren Gebieten, nicht nur modisch und bei der Haarfarbe, neu ausprobieren. Neue Facetten der Persönlichkeit entdecken, neue Talente. Wann die Zeit reif ist für erste wichtige Schritte, das spüren wir genau. Oft ist es der Körper, der uns ein Signal sendet, dann wieder der Geist. Nicht gelebte, im Tiefschlaf schlummernde Talente spüren wir häufig als Unruhe, als Unzufriedenheit, als mehr oder weniger starken Wunsch, etwas in unserem Leben zu verändern, endlich etwas Neues zu beginnen. Wenn wir auf dieses innere Drängen hören, ihm nachspüren und erste Schritte in Richtung unserer ureigenen Fähigkeiten wagen, werden wir mit reichlich Energien und Kraft beschenkt.

Voraussetzung allerdings ist, diese Schritte nicht halbherzig zu tun. Wenn wir uns entschieden haben, etwas zu verändern in unserem Leben, zum Beispiel ein Musikinstrument zu erlernen, eine fremde Sprache, eine Sportart oder ein neues Hobby zu pflegen, zu singen, zu tanzen, zu turnen, was auch immer – wenn wir uns zu solch einem Schritt entschlossen haben, ist es wichtig, uns die Zeit dafür auch wirklich zuzugestehen. Und niemand anderem zuliebe unser Vorhaben auf ein Später, auf ein Morgen zu verschieben. Unbedingt handeln. Überhaupt sollten wir das, was uns auf dem Herzen brennt, nicht in gar zu ferne Zukunft verlegen.

Mein Vater, ein überaus kluger Mann, redete gern von dem, was er im Ruhestand alles machen wollte, zum Beispiel Hochseeangeln und Golf spielen, und er sparte eifrig für diese Zeit. Nur leider hat er diesen Lebensabschnitt erklärter Wunscherfüllung nie erreicht, weil er viel zu früh gestorben ist. Und so hat er einiges von dem, was er so gern ausprobieren wollte, nicht erlebt.

Manchmal, wenn ich mich dabei ertappe, die Erfüllung eines sehnlichen Wunsches in die Zukunft zu vertagen, höre ich ihn flüstern, doch lieber nicht gar zu lange zu warten. Ich glaube, wenn er sein Leben noch einmal leben könnte, er würde in diesen besonderen Herzensangelegenheiten bedeutend spontaner und konsequenter sein.

Also – Zeit nehmen für das, was wir als wichtig für uns und unser Leben erkannt haben. Und nicht »irgendwann«, »jetzt!« ist der richtige Zeitpunkt.

Seien wir königliche Krämerseelen, wenn es um diese kreativen Freiräume geht. Richten wir eine Art Schatzkammer für diese »ureigene Zeit« ein. Und lassen diese Kammer gut bewachen. Zutritt für Unbefugte strengstens verboten. Wenn wir diesen Raum nicht hüten wie unseren Augapfel, laufen wir Gefahr, bestohlen zu werden. Auch von unseren Günstlingen.

Aus der Geburtsstadt Schillers, dem schönen Marbach am Neckar, habe ich mir vor einiger Zeit eine Postkarte mitgebracht, auf der, inmitten lichtblauer Landschaft, folgende Worte des Dichters geschrieben stehen:

Schade um den verlorenen Augenblick,
das Leben ist so erstaunlich schnell dahin.

Nehmen wir an, wir sind auf einem Fest eingeladen und möchten gehen, weil wir den Rest des Abends unbedingt allein und ausschließlich mit unserem neuen Hobby verbringen möchten. Und obwohl wir uns gern verabschieden würden, bleiben wir wie festgeklebt sitzen, vielleicht aus Pflichtgefühl, aus Verlegenheit, vielleicht aus Höflichkeit, weil wir gelernt haben, dass es sich nicht gehört, so früh und als Erste eine Gesellschaft zu verlassen. Sitzen da und könnten mit Schiller ausrufen: »Schade um den verloren Augenblick, das Leben ist so erstaunlich schnell dahin.«

Bevor wir nun aus lauter Frust immer noch ein Häppchen mehr essen und immer noch ein Schlückchen mehr trinken, machen wir uns bewusst, wie viele Situationen wir in unserem Leben aushalten und durchhalten müssen, weil es der Alltag mit all seinen Pflichten so diktiert. Dass es aber eben auch Situationen gibt, in denen wir niemandem das Recht einräumen, uns die so wertvolle Zeit zu stehlen, die wir allein mit uns selbst verbringen möchten.

Von Gottfried Benn (aus dem Gedicht »Kommt«) stammt der schöne Satz:

Kommt, reden wir zusammen,
wer redet, ist nicht tot.

Der Dichter bringt es auf den Punkt. Sprachlosigkeit kommt einer gewissen Erstarrung gleich. Wer Worte sucht und findet, ist lebendig, ist im Fluss. Wer sich Worte verbietet, aus Rücksicht gegenüber anderen, aus Angst vor Verletzungen, falscher Bescheidenheit –

aus was für Gründen auch immer –, blockiert sich selbst, lässt mit dem unterdrückten Wortstrom auch seine Energien stocken, schlimmstenfalls versiegen. Wo ich mich artikuliere, da *bin* ich. Wo ich hilflos verstumme, sterbe ich ab – fühle ich mich müde, kraftlos, seelisch gelähmt.

Und deshalb lassen wir jetzt, auf besagtem Fest, die Königin in uns zu Wort kommen, die uns sogleich ein unbezahlbares, himmlisches Stück Freiheit beschert. Indem sie uns nämlich den wahrhaft königlichen Schritt empfiehlt, »Ja!« zu uns und damit »Nein!« zur Situation zu sagen.

Und schon stehen wir auf vom Tisch, verabschieden uns in aller Freundlichkeit und Bestimmtheit, und verleben den Rest des Abends genau so, wie wir uns das gewünscht haben.

Eine Königin wartet nicht, bis ihr Puls in ungeahnte Höhen schnellt, sich ihr der Magen herumdreht, die Galle überläuft und sie am Ende krank auf ihrem Lager liegt. Sie nimmt sich früh genug Zeit für Kreativität und Muße, gönnt sich, bei allen Pflichten im Staat, wohldosierte Phasen der Inspiration. Und sie wird, wenn sie merkt, dass Neues in der Stille reifen will, im Ton feinster Vornehmheit, außerordentlich bestimmt und dennoch in würdiger Gelassenheit sagen, wann sie eine solche Zeit für sich braucht. Und sie wird sie einfordern. Und vagabundierende Räuber, die ihr diese so wertvolle Zeit stehlen wollen, kurzerhand aus dem Palast werfen. Oder solchen, die sie nicht gleich des Hauses verweisen will, zumindest mal königlich den Marsch blasen.

Königin sein heißt, treibende Kraft im eigenen Leben zu sein. Niemals aber Getriebene. Eine Königin geht gemessenen und doch beschwingt durch ihren Alltag. Wählt ihre ganz eigene Schrittfolge und einen Rhythmus, der keine Frage des guten und fremden Geschmacks ist, den sie vielmehr, je nach Befindlichkeit, selbst bestimmt.

Natürlich kümmert sich eine Königin auch um ihre Lieben und ihre Nächsten. Verliert sich aber bei aller Nächstenliebe niemals selbst aus den Augen. Sie sorgt gut für sich. Verwöhnt ihren Geist, ihre Seele und ihren königlichen Körper, der eine Art Schloss, biblisch formuliert, ein heiliger Tempel ist. Kurz gesagt, sie nimmt nicht nur das Zepter, sondern auch die eigenen Bedürfnisse in die Hand. Macht ihr Leben, und das ihrer Lieben, zu einem königlichen Fest.

Denk daran
wir haben
ein Königreich geerbt ...
ROSE AUSLÄNDER

Zauberdinge

Von einer Bäckersfrau in der Bretagne, einer rundlichen Person mit sonnigem Gemüt, erfuhr ich während eines Urlaubes einmal von einem angeblich magischen Ort, einem »Zauberwald«, wie sie ihn nannte, wo man in früheren Zeiten Silber gefunden und abgebaut hatte. Neugierig gemacht, machte ich mich auf den Weg. Auf den Weg nach Huelgoat.

Der Wald empfing mich in tiefer, beinahe heiliger Stille. Nichts schien die Bäume in ihrer Andacht stören zu können. Schon gar nicht der Kanal, der schnurgerade zur ehemaligen Silbermine führte, ein schwarzer Spiegel, in dem sie träumend ihr Abbild genossen. Und doch, etwas irritierte sie an diesem Morgen. Und auch ich war irritiert. Denn auf der glatten Oberfläche des Wassers trieb, wie aus dem Nichts aufgetaucht, abgefallen von einer Angel vielleicht, ein rot-grüner Schwimmer dahin, glitt leicht und leise vorbei, ließ sich Zeit, hatte es ganz und gar nicht eilig und trudelte mir, die ich mich nach ihm bückte, direkt in die Hand hinein.

Ein halbes Jahr später, längst wieder zu Hause, längst wieder im Alltag, erhielt ich den Auftrag, eine

Erzählung zu schreiben. Zwei lange Tage saß ich an meinem Schreibtisch und malte Kugelschreiberkringel auf blütenweißes Papier. Um meine Gedanken zu ordnen, begann ich am dritten Tag den Speicher aufzuräumen. In einer Kiste mit Werkzeug entdeckte ich zufällig den Schwimmer von Huelgoat. Kaum hielt ich ihn in Händen, kehrte ich in die Stille jenes Waldes zurück, sah Sonnenflecken übers schwarze Wasser tanzen, fühlte den weichen Boden unter meinen Füßen, roch das Moos und die trockene Erde und spürte eine tiefe, zeitlose Ruhe in mich einkehren. Und auf einmal war die Idee für eine Erzählung da.

Schon immer habe ich eine Schwäche für solch zufällige Fundstücke, Mitbringsel von unterwegs wie den rot-grünen Schwimmer von Huelgoat. Einfache, scheinbar unbedeutende Dinge, die äußerlich betrachtet nicht viel hergeben, die innerlich aber gut gefüllt sind und die es deshalb schaffen, unsere Stimmung, unser Lebensgefühl positiv zu beeinflussen. »Zauberdinge«, wie ich sie gern nenne, die vorübergehend einen Platz in unserem Alltag finden und die genau so lange bleiben dürfen, bis sie von neuen abgelöst werden. Symbolische Kleinigkeiten, die wir eine Zeitlang in der Handtasche oder in der Jackentasche spazieren tragen, die wir neben das Bett oder vor den Spiegel legen, in den wir morgens schauen, auf den Frühstückstisch, in die Schreibtischschublade im Büro, ins Auto, wo auch immer. Wichtig allein ist, dass wir sie dort, wo wir sie hinlegen, auch sehen können. Denn wann immer wir diese Gegenstände anschauen, vielleicht sogar berühren, geschieht etwas mit uns. Nichts, was man erklären oder wissenschaftlich belegen kann. Aber etwas, das uns guttut, weil es uns für Augenblicke in Berührung mit uns selbst bringt.

Das Schöne an diesen Kleinigkeiten mit der großen Wirkung ist, dass wir sie nicht auf ewig behalten und behüten müssen. Willkommen und Abschied lautet die fröhliche Devise. Wir dürfen sie mit derselben spielerischen Leichtigkeit wieder loslassen, mit der wir sie einst aufgehoben haben, können sie, wenn sie ihre Magie für uns verloren haben, beim nächsten Spaziergang lächelnd in den großen Kreislauf zurückgeben.

Ich selbst war bereits als Kind eine leidenschaftlich Suchende und Sammelnde. Und auch heute noch hebe ich mit Freude auf, was mir beim Gehen so alles vor die Füße kommt und was mir als Zeichen, als Symbol taugt. Ich mag es, mich von diesen nichts- und doch so vielsagenden kleinen Gegenständen mahnen, erinnern, inspirieren, betören, berühren, verführen, vertiefen zu lassen.

Gerade unser Kraft-Baum, der ruhig Bewegte, der beständig sich Wandelnde, ist ein großzügiger Gönner und Geber solch kleiner Geschenke. Erlaubt ist, was gefällt. Ein Stück Baumrinde zum Beispiel, ein Tannenzapfen, ein sogenanntes »Wettermännchen«, je nach Jahreszeit bunt gefärbte Blätter, glänzende Kastanien, die sich glatt und schmeichelnd in unsere Hand legen, kantige Bucheckern, Steine ... – was immer uns gerade zum Symbol taugt. Zum Symbol für Ruhe, Kraft, Liebe, Freude, den Mut, an den richtigen Stellen laut und deutlich »Nein« zu sagen.

Wir selbst wissen am besten, welche Zauberkraft wir im Moment am ehesten benötigen. Was uns guttut, was wir brauchen.

Wer nichts aufheben mag, aber dennoch etwas mitnehmen will von der Einkehr bei seinem Baum, der lässt seine Sinne »sammeln«, atmet bewusst den Duft des Holzes ein, lauscht dem Gesang der Vögel, dem heiteren Gemurmel der Blätter.

Das Zauberwort heißt: Aufheben. Im doppelten Sinne des Wortes. Mit den Händen und im Herzen. Denn das, was wir im Herzen bewahren, ist ein Schatz, den wir hervorholen, uns anschauen können, wenn wir den Weg in unsere eigene Tiefe, in die Stille wieder einmal nicht finden können.

Sommerhände

Es war an einem Tag im Mai. Maria hatte mich zu sich gerufen. Ihre Stimme am Telefon klang wie immer heiser und ein wenig atemlos, die Worte kullerten mir nur so ins Ohr.

Sie sei im Krankenhaus, sagte sie plötzlich, mitten im Satz, und es klang, als sei sie selbst erstaunt darüber.

Die Stadt schwitzte mächtig an diesem Tag, schien schlecht gelaunt zu sein, denn sie ließ mich nicht vorankommen in ihren heißen Straßen und spuckte erst, nach langem Suchen, widerwillig einen Parkplatz aus.

Maria saß auf dem Bett, als ich hereinkam, wartete bereits. Sie war angezogen. Und sie war blass und schmal, wollte aber nicht darüber reden.

»Nicht hier«, sagte sie, »nicht in diesem Raum, lass uns hinausgehen in den Park, hinaus in den Sommer, lass uns eintauchen in das Leben da draußen.«

Und so, wie sie das Wort »Leben« aussprach, wusste ich, dass etwas geschehen war.

Wir saßen unter einer Akazie, wo vereinzelt Sonnenstrahlen durchs Grün tanzten, und alles war so wunderbar leicht und licht und schwebend geradezu, bis Maria zu reden begann. Sie sprach langsam und sehr gefasst. Keine Spur von Angst und Verzweiflung in ihren Worten, keine Tränen.

Sie sprach vom Tod, als rede sie weiterhin vom Licht des Sommers.

Noch heute sehe ich sie dort sitzen, auf jener Bank, auf der sie sich irgendwann zurücklehnte und in den blühenden Baum hinaufschaute. Und auf einmal lächelte sie und sagte, es sei merkwürdig, aber sie spüre tatsächlich ein Gefühl ganz tiefer Freude in sich. Es sei, als legten sich Hände um ihr Herz. Sommerwarme Hände, die sie festhielten und die ihr das Versprechen gaben, sie niemals fallen zu lassen.

Es war Marias letzter Sommer. Ihre nach Akazien duftende Freude ist mir geblieben.

Mein liebstes und wichtigstes »Zauberding«, ein Symbol höchster Freude und tiefsten Leids, habe ich von Maria selbst bekommen. Es ist ein kleines, selbstgebasteltes Holzkreuz. Ganz schlicht. Ganz einfach. Zwei abgebrochene, verzweigte Ästchen von einem Apfelbaum, zusammengebunden mit einem Stück dunkelgrünem Draht. Dieses Kreuz, das auf der Glasplatte ihres Schreibtisches gelegen hat, als ich sie zum allerersten Mal besucht habe, ist mir regelrecht ins Auge gesprungen. Und auch danach hat es meinen Blick wieder und wieder magisch angezogen. Kein

Wunder also, dass ich beherzt danach gegriffen habe, als ich mir nach Marias Tod ein Andenken aus ihrer Wohnung mitnehmen durfte. Seitdem liegt es, gut sichtbar, auf meinem eigenen Schreibtisch.

Dieses bescheidene, kleine Holzkreuz ist für mich ein beredtes, ein göttliches Zeichen, das randvoll mit Kraft und Erbarmen gefüllt ist. Wenn ich es anschaue, das kleine, knorpelige Kreuz auf meinem Schreibtisch, mir Zeit nehme und mich bewusst auf seine Gegenwart konzentriere, tauche ich sogleich in eine Atmosphäre purer Liebe ein. Ein Akt der Vertiefung, aber auch der Erhöhung. Denn der Raum, der sich mir im Zeichen nicht nur dieses Kreuzes eröffnet, ist weit wie der Himmel.

Faszination Kreuz. Ich weiß nicht, wie viele Steinkreuze ich bei meinen Spaziergängen schon gelegt habe, wie viele Wegkreuze ich schon fotografiert und wie viele Kreuze ich schon gemalt habe. Farbintensive Ölbilder, in denen sich meine gemalten Kreuze durch einen impulsiven Pinselstrich mitunter in Bäume verwandeln. Sogar Ausstellungen habe ich mit diesen Bildern gemacht, weil mir dieses christliche Zeichen so wichtig ist.

Das Kreuz also.

Da trifft ein Aufwärtsstrebendes, das sich vom Dunkel der Erde zum Licht reckt, auf ein anderes, das den Horizont nachzuzeichnen scheint. An einer Stelle nähern sie sich an, berühren sie sich. Mehr ist es nicht. Und doch – wie unermesslich weit weist dieses schlichte Gefüge über sich hinaus. Wo sonst verbinden sich Leben und Tod, Liebe und Leid so sehr wie in diesem Zeichen. Wo sonst geht es so existenziell um Verwundung und Verwandlung. Und wo sonst vereinigt sich das Menschliche derart handfest mit dem Göttlichen. Denn der Gekreuzigte, auf den es verweist, wurde durch sein Sterben erst wundervoll lebendig, seine Kraft durch den Tod erst wunderbar wirksam. In seinem Namen vereint und verbindet das Kreuz die Aspekte Leben und Tod. Und tief drinnen, in seiner Mitte, poetisch formuliert, in seinem Herzen, hebt es das eine im anderen auf, bewahrt beides und kündet so, zeichenhaft und zentriert, von einer Lebendigkeit, die den Tod in sich aufnimmt. Ja, die es im wahrsten Sinne des Wortes mit dem Tod aufnimmt.

Für mich ist Marias kleines Apfelbaum-Kreuz ein wunderbares Symbol meiner Verwurzelung im Glauben. Diesem fortwährenden Festhalten an Gott, diesem Abenteuer, das mit Liebe und Vertrauen bis in den Tod hinein zu tun hat.

Gerade in Lebensphasen, wo wir nicht mehr ein noch aus wissen, wo es schlimm und immer noch schlimmer kommt, wo Krankheit, Tod und unsagbares Leid uns alle Kraft zu rauben drohen, gerade in solchen Zeiten kann es guttun, uns als ganz persönlichen Heilsbringer, als ganz persönliches Zauberding, ein Kreuz von jenem Baum zu basteln, der uns besonders am Herzen liegt. Und dieses schlichte kleine Kreuz symbolisch als Wanderstab mit uns herumzuführen, als »Stab«, wie Johannes vom Kreuz es formuliert, »auf den wir uns beim Wandern stützen« dürfen.

Zurück zu unserem Baum. Wenn wir jemanden von Herzen gern mögen, dann kann es gut passieren, dass wir uns eine Fotografie von ihm wünschen, um ihm nah zu sein, auch wenn er fern ist.

Genauso erging es mir mit meiner Kastanie in den Binger Weinbergen. Eines Tages wollte ich gern ein Bild von ihr besitzen und habe sie von einer befreundeten Fotografin aus Düsseldorf ablichten lassen. Im üppig grünen Sommerkleid hängt »Eva« seitdem in meinem Arbeitszimmer.

Für mich ist dieses Bild wichtig. Denn manchmal, wenn ich, aus was für Gründen auch immer, nicht hingehen kann, aber das Gefühl habe, ganz dringend eine kurze »Baum-Zeit«, eine kreative Kraftpause zu brauchen, betrachte ich das Foto, schließe die Augen und tauche in meiner Fantasie tief in sein grünes Schweigen hinab.

Natürlich können wir solche Portraits von unserem Baum auch selbst machen, können ihn durch die Jahreszeiten hindurch fotografieren, ihn mit Ölfarben

malen, mit Bleistift zeichnen, mit Tusche, Kohle ...,
was immer uns einfällt und gefällt. Ich selbst besit-
ze »Eva« mittlerweile auch als schwarz-weißen und
demnächst auch als farbigen Linoldruck.

Ich erinnere mich noch gut daran, was nach dem
sommerlichen Fotoshooting in den Weinbergen passiert ist. Meine Düsseldorfer Freundin und ich, wir
hatten uns auf die Bank unter den Baum gesetzt und
in seiner heiligen Ruhe munter drauflosgeredet, hatten über dies und das, über alles und jedes geschwätzt.
Ganz unvermittelt aber war unser Gespräch von einer
solchen Tiefe, einer solchen Offenheit und Ehrlich-
keit bestimmt gewesen, wie wir das zuvor noch nie
erlebt hatten und seitdem auch nicht mehr erlebt
haben. Ich bin sicher, es war die Kastanie, die uns mit
ihrer heilsamen Nähe, ihrer Fülle, ihrer Kraft, ihrem
grünen Atem, ihren fließenden Energien ... –, es war
der Baum, der uns einander so nahegebracht hat.

Schluss

Verwurzelt sein in mir, das heißt alle meine Möglichkeiten ausschöpfen. Mich immer wieder neu entdecken, in die Tiefe gehen, in Kontakt, in unmittelbarer
Berührung mit meiner ureigenen Kraft sein. Heißt
in Verbindung auch mit der Schöpfung sein, wo ich
weg von der Oberfläche, in die Tiefe meines Seins
vorstoße. Verwurzelt sein in mir, heißt auch verwurzelt sein in meinem Leben. Heißt aktiv sein, kreativ,
neugierig, selbstbewusst.

Nun ist es mit dieser Kraft aus unserer Tiefe wie
mit jeder Wegzehrung auch: Sie braucht sich auf.
Und deshalb ist es unsere Pflicht, für Nachschub zu
sorgen. Denn wir sind verantwortlich dafür, dass uns
diese Kraft nicht ausgeht. Wir allein sind angehalten,
uns die Zeit zu gönnen, die wir brauchen, um uns
neu mit ihr zu füllen.

Die wesentlichen Dinge im Leben können wir
nicht besitzen, aber wir können dafür sorgen, dass
sie uns geschenkt werden. Immer wieder.

Und so können wir Orte aufsuchen, persönliche
Wohlfühlorte, wo wir mit unserer ureigenen Kraft in
Verbindung kommen.

Betrachten wir Bäume als wunderbare Geschenke der Natur. Als Quelle der schöpferischen Weisheit, die uns lehrt, dass wir uns Zeit nehmen dürfen, Zeit, um uns selbst zu begegnen, dass wir uns erwarten dürfen, an welcher Stelle auch immer im Leben. Und – dass wir Geduld mit uns haben dürfen.

Auch unser Baum ist nicht von heut auf morgen zu dem geworden, was er ist.

Liebe braucht Zeit, um zu wachsen, Trauer, um sich irgendwann zu verabschieden. Wir brauchen Zeit. Und alles Neue in uns, das wachsen will, das sich ausdehnen und ausbreiten will, braucht ebenfalls Zeit. Deshalb ist es gut und sinnvoll, sich regelmäßig Auszeiten zu gönnen, den Rückzug in die Innerlichkeit anzutreten. Und bei dieser Begegnung der besonderen Art ein offenes Ohr für die eigenen Bedürfnisse, Wünsche und Sehnsüchte zu kultivieren. Für das also, was im Alltag oft nicht wahrgenommen wird, sang- und klanglos untergeht. So kann die Begegnung mit uns selbst neue Räume öffnen. Räume in uns, die wir bisher nur zögerlich oder noch gar nicht betreten haben.

Räume, in denen möglicherweise Wünsche wohnen. — Wunschräume.

Räume, in denen möglicherweise Träume wohnen. — Wunschträume.

Manchmal ist der Weg zu uns selbst ein Weg der kleinen Schritte. Wichtig ist nur, dass wir ihn gehen, diesen Weg, und ihn nicht anderen zuliebe verlassen. Denn mein Weg, das bin ich.

Von Hermann Hesse stammt das schöne Wort: »Und jedem Anfang wohnt ein Zauber inne, der uns beschützt und der uns hilft, zu leben.« Ich bin sicher, auch jedem Abschied auf unserem Weg wohnt solch ein Zauber inne. Denn jeder Abschied, jedes Lebewohl schafft Raum für etwas Neues, eröffnet Möglichkeiten und Chancen, andere, bisher vielleicht wenig beachtete Facetten meines Selbst zu entdecken und willkommen zu heißen. Schritt für Schritt zu neuen, unbekannten Ufern aufzubrechen.

»Steh auf und geh!«, heißt es im Evangelium. Und da ich eine Schwäche für diese wortkargen, schlichten, aber so tiefen Botschaften der Bibel habe, sei dieser Satz als Aufmunterung hier gleichsam noch einmal zitiert.

Steh auf und geh und verwurzele dich in dir selbst! Denn das heißt kraftvoll sein und laut und deutlich »Ich« sagen. Wie Rose Ausländer es in ihrem Gedicht »Mutter Sprache« formuliert:

Ich habe mich
in mich verwandelt
von Augenblick zu Augenblick ...

Anmerkungen

[1] *Hilde Domin*, Gesammelte Gedichte, Auszug aus »Ziehende Landschaft«, Frankfurt am Main 1987.

[2] *Jean-Paul Sartre*, Die Fliegen, Drama in drei Akten, Reinbek 11. Aufl. 1991.

[3] *Hildegard von Bingen*, Der Mensch in der Verantwortung, Das Buch der Lebensverdienste (liber vitae meritorium), Salzburg 3. Aufl. 1986, S. 202.

[4] *Annette von Droste-Hülshoff*, Sämtliche Werke in zwei Bänden. Band 1, Auszug aus »Am Turme«, Frankfurt 2007.

[5] *Friedrich Halm (Elegius Franz Joseph Freiherr von Münch-Bellinghausen)*, aus dem Gedicht »Mein Herz, ich will dich fragen« (1856).

[6] *Rahel Varnhagen*, Zitat aus: *Maja Wicki-Vogt,* Kreative Vernunft, Mut und Tragik von Denkerinnen der Moderne, Zürich, Edition 8, 2010, S. 45.

[7] *Annette von Droste-Hülshoff*, Sämtliche Werke, Band 1, Gedichte, Frankfurt 2007.

[8] *Rainer Maria Rilke*, Das Buch der Bilder, Schlussstück, Frankfurt 1996.

9   *Rose Ausländer*, Gedichte, Frankfurt am Main 2001.

10   *August von Platen*, Wer die Schönheit angeschaut mit Augen. Ein Lesebuch, Auszug aus »Tristan«, München 1996.

11   *Rose Ausländer*, Wir wohnen in Babylon. Gedichte, Auszug aus »Spannung«, Frankfurt 1992.

12   *Romano Guardini*, Vom Sinn der Schwermut, Kevelaer 9. Aufl. 2008.

13   *Gertrud Kolmar*, Gedichte, Auszug aus »Die Tage«, München 1980.

Inhalt

Ein Wort vorab 7

Mein Weg, das bin ich 8

Erwachen 20

Verwurzelung 21

Von der Liebe 36

Eine Handvoll Stille an jedem Tag 45

Sternenstill 54

Mein Freund, der Baum 62

Stiefmütterchen 73

Schreibend in Kontakt mit mir 78

Abschied 84

Der Blick in den Spiegel 88

Der Bote 100

Die Baumfrau 102

Der Erwecker 109

Der Lebensbaum 111

Gedanken zum Gleichnis der gekrümmten Frau 116

Es ist viel schönes Licht in dieser Welt 123

Meer Licht 129

Die Königin in mir 131

Zauberdinge 140

Sommerhände 144

Schluss 151

Anmerkungen 154

Petra Urban

Mein Herz
tanzt
in den Himmel

*Vom Loslassen und
Neuanfangen*

Vier-Türme-Verlag

Erzählungen für Herz und Seele

Petra Urban

Mein Herz tanzt in den Himmel
Vom Loslassen und Neuanfangen

157 Seiten, gebunden, 12 x 19,5 cm, ISBN 978-3-89680-805-9

»Loslassen« ist eines der großen Themen in jedem Leben. Ein Lebensthema sozusagen, das auf geheimnisvolle Weise doppelgesichtig ist: lachend und weinend zugleich.

Petra Urban erzählt in ihrem neuen Buch von Schmerzenszeiten und Lichtblicken, von Augenblicken des Glücks und der Trauer. Ihr gelingt es, trotz aller schmerzhaften Veränderungen, das Glück neu zu finden und den Tisch des Lebens wieder mit Freuden zu decken. Sie zeigt uns, dass Loslassen die Chance enthält, neue Stärke für den Lebensweg zu erfahren.

Vier-Türme-Verlag
Schweinfurter Straße 40, 97359 Münsterschwarzach
Tel. 09324 / 20 292 | Fax 09324 / 20 495
E-Mail: info@vier-tuerme.de
www.vier-tuerme-verlag.de